融媒语境下广电转型的理念与路径

蔡照波 主编

南方日报出版社
NANFANG DAILY PRESS
中国·广州

图书在版编目（CIP）数据

融媒语境下广电转型的理念与路径 / 蔡照波主编. -- 广州 : 南方日报出版社, 2022.12

ISBN 978-7-5491-2598-2

Ⅰ. ①融… Ⅱ. ①蔡… Ⅲ. ①广播电视－传播媒介－发展－研究－中国 Ⅳ. ①G229.2

中国版本图书馆 CIP 数据核字(2022)第 167549 号

RONGMEI YUJING XIA GUANGDIAN ZHUANXING DE LINIAN YU LUJING

融媒语境下广电转型的理念与路径

主　　编：蔡照波
出版发行：南方日报出版社
地　　址：广州市广州大道中 289 号
出 版 人：周山丹
责任编辑：张　高　严文玮
责任技编：王　兰
责任校对：阮昌汉
装帧设计：傅锦文
经　　销：全国新华书店
印　　刷：广州市尚铭印刷股份有限公司
开　　本：787mm×1092mm　1/16
印　　张：16.5
字　　数：300 千字
版　　次：2022 年 12 月第 1 版
印　　次：2022 年 12 月第 1 次印刷
定　　价：68.00 元

投稿热线：（020）87360640　　读者热线：（020）87363865

序

蔡照波

推动媒体融合发展，是党的十八大以来党中央的重大决策和战略部署。中办、国办先后多次出台相关文件，不断完善媒体融合的顶层设计。

2014年8月18日审议通过的《关于推动传统媒体和新兴媒体融合发展的指导意见》，使我国的媒体融合发展进入快车道，这一年被称为“媒体融合元年”。传统广电业在坚持以先进技术为支撑、内容建设为根本的前提下，积极推动与新兴媒体在内容、渠道、平台、经营、管理等方面的融合。

2015年，中央提出供给侧结构性改革，传统广电作为供给侧，自然也成为改革的重要领域。

2016年，中央提出媒体融合要尽快从相加阶段迈向相融阶段，融为一体，合而为一。当年我们带着使命感到湖北广电调研其“长江云”移动政务新媒体平台，该平台拥有117个客户端，能够做到一键推送、一键删除，可谓是以全省融媒体平台建设来推动区域媒体深度融合的首创者。

2017年，习近平总书记在党的十九大报告中，进一步强调深化供给侧结构性改革。次年由人民日报社联合中共深圳市委、深圳市政府等部门主办的“构建全媒体传播格局——2018媒体融合发展论坛”上，中央网信办领导、国内媒体融合领域优秀地方党媒负责人、业界专家学者，以及知名互联网新媒体平台精英，共话正能量内容供给侧改革，共促优质内容的广泛传播。传统广电业同步加快推进频率频道和节目栏目的供给侧结构性改革，解决同质化过剩供给问题，强化了需求牵引导向，在盘活用好已有体制机制红利的同时，借由体制机制的创新获取新的红利。

美国密苏里大学新闻学院博士章于炎2018年在央视开讲座时对媒介融合给出的定义是“一种适应未来发展趋势的媒体战略”。笔者于2019年接受章于炎博士的邀请，前往美国密苏里大学考察访问，该校的新闻学院在全球首创媒体融合系。

2019年8月，习近平总书记在全国宣传思想工作会议上的重要讲话，让人们认识到推进媒体深度融合是创新发展的关键。这一年，人们看到了刷抖音、快手、小红书等成为生活常态，不少作品在央视网、人民网等央媒的浏览量超百万已成不争之实。短视频的渗透率超越了传统视频行业，使得传统广电人的视频优势不断被弱化。传媒格局、舆论生态、受众需求发生了深刻变化。

2020年9月印发的《关于加快推进媒体深度融合发展的意见》，相较于2014年的《关于推动传统媒体和新兴媒体融合发展的指导意见》，从“推动”到“加快推进”，从“融合发展”到“深度融合发展”的变化，表明我国的媒体融合建设进入了新阶段，正走向纵深发展，也阐明了体制机制改革与全媒体人才培育的重要性。紧接着，广电总局于2020年11月13日印发《关于加快推进广播电视媒体深度融合发展的意见》，提出建设新型传播平台，“拓展广电+政用、民用、商用服务，提高平台价值和用户活跃度”。

这些年，社会的发展一日千里，我们的生活日新月异。业界努力实践探寻，学界不断理论创新，一刻也不敢懈怠。稍不留神者便如堕云雾，迷失路径。垂类频道、全媒体矩阵、沉浸式传播、媒体平台化、平台媒体化、一云多厨房、达人IP（知识产权）孵化、大屏代言小屏带货、元宇宙……这些词汇，有的是互联网行业术语，有的来自传媒业界的应用层面，有的由学界提出。在传统广电转型中，有的台取消频道制，改革原来的中心制，创立全媒体生产传播业务线制；有的台把广告经营作为市场主体、把舆论宣传作为事业主体两相分开；有的台又合二为一，消除“两张皮”现象，回到初始。

我们不能迷失于融媒语境下数字赋能带来的技术层面的冲击之中，我们要致力于传统广电在全媒体传播时代的迭代重塑。传统广电业在生产流程的重构、业务部门的整合、技术平台的搭建、专业人才的吸纳上，要创新性地用好中央政策，这是涉及到各环节、多方面、全链条的系统工程。自我改革内驱的理念定位及路径选择至关重要。

我们欣喜地看到，2020年陕西广播电视台在陕西省委出台的《关于省级广播电视体制机制改革的实践方案》引领下，加强了广电播出机构与传输网络的深度协作，与有线网络运营机构进行有效整合，媒体服务运营延伸至数字政府建设、大型政企服务、投融资等，全面接入政府资源，拓展“媒体+政务服务商务”；2021年江苏省广播电视行业仅新媒体收入就已达50.23亿元，同比增长超过85%，更难得的是其广播电视广告收入达92.87亿元，同比增长超过7.7%，产业发展在媒体融合中进入了新的增长期；同是2021年，湖南广电的新媒体广告收入达54.53亿元，同比增长31.75%，被誉为广电媒体融合发展的新高度；缘于国家层面大力推进智慧城市建设，不少地方政府选择城市广电助力运作“智慧城市”项目，城市广电便也有了相应的财政支持，城市广电媒体因地制宜，加强上下联动和横向合作，从而促进媒体融合，打造自主可控的融媒平台。

我们在看到业界不乏成功案例的同时，也看到案例的成功离不开各地党委、政府的大力推动。党委、政府的高位推动，相关部门的联动与赋权，是把中央顶层设计转化为具体实践的关键，关系到基层体制机制的创新改革能否得以突破。各地各级广电业在践行媒体融合中“一地一策”，温度力度不同，所以产生明显级差，成功的案例难以复制。

我们面对的是，无限的市场争夺有限的受众；平台打造未必带来流量，有了流量也未必能变现；借助第三方的矩阵宣传效果显著，总体经营创收却显微弱；传统广电有相当的公信力与传播影响力，但无法摆脱传统媒体的路径依赖；市场化运作尚有诸多限制，缺乏自主造血能力；省市广电业深度融合的基础问题，仍是以广告为主的传统产业模式难以为继。

我们研判广电媒体融合迈向纵深过程中的滞后现象，感知问题无法被掩盖，也看到了前景无法被阻挡，我们的探索一直没停歇。本书汇聚了从“媒体融合元年”以来学界的部分研究成果及业界在不同层面的经验分享，期待各位专家学者的用心与苦心，能对媒体融合的突破，起到一定的推动作用。

2022年秋日写于广州

目 录

媒体融合纵论

融合实践案例

地市区县融媒探索

媒体融合纵论

新阶段媒体深度融合的实践路径与政策靶向

杨明品

从2013年起，媒体融合战鼓频催，成为传媒发展创新和竞争的前沿阵地，新型主流媒体建设纵深推进，取得重要突破，互联网时代意识形态主阵地的建设能力明显增强，媒体融合进入从被动向主动、从粗放向精细、从探索向推广、从网络化向数字化智能化进阶的新阶段。但也要看到，各地各级媒体如何将媒体融合顶层设计落地转化成具体实践的机制，以及各地党委政府推动力度与政策温差甚大，诸多传统主流媒体在深刻变革面前左支右绌，适配互联网传播环境的内容生产和经营发展能力的短板相当突出，边缘化危机严峻。具体看，各地各级主流媒体的媒体融合水平存在明显级差。媒体融合涉及各环节多方面全链条，单一环节和单方面推动难有事功；如果说媒体融合是一出大戏，那么主流媒体是主角，但相关部门的协同、联动与赋权也十分重要。传统主流媒体如何进阶为新型主流媒体，这是一个系统工程，我们通过案例分析去找寻其中的关键点，研究新阶段媒体融合面临的典型性问题，发现推动媒体融合的政策靶向。

一、影响媒体深度融合的关键因素分析

从结果维度看，媒体融合有两个主要指标，一是宣传和内容生产及传播能力的提升，二是产业运营能力的增强，前者关乎职责使命，后者关乎生存发展，这两个能力互为支撑、相互制约，媒体融合应统筹推动两个能力的增强，防止短板效应。总体看，新兴媒体和媒体融合推动媒体内容生产与传播能力大幅提升，也促进产业结构的重塑，但两者不同步不协调，媒体融合的宣传较强、运营较弱。江苏是发达省份，其媒体融合发展具有发达地区的代表性。江苏全省广电业在新闻宣传、精品力作生产不断增多的同时，产业结构重塑，总体增长强劲，2021年全省广播电视行业经营收入达412.59亿元，同比增长18.89%。其中，广播电视新媒体收入增长强劲，达50.23亿元，同比增长85.48%，但占比仅12%（同全国情况大致相同），其中IPTV收入5.94亿元，同比增长25.32%；互联网视听节目服务收入31.78亿元，同比增长124.75%；广播电视广告收入92.87亿元，同比增长7.72%，由跌转增，说明广电机构广告逐渐适应媒体融合生态，稳住了阵脚；有线电视网络业务收入74.87亿元，同比增长8.35%，其中传统的收视维护费、付费数字电视频道收入同比下滑，增值业务、集团客户业务收入增长较快，同比分别增长32.41%、27.78%；广播电视节目销售收入41.9亿元，同比增长53.65%。由此可见，结构性增长态势明显，传统平台渠道和业务收入下降，新媒体新业务大幅增长，增长边际拓宽，市台、县级融媒体中心和民营网络视听媒体贡献尤大，市场主体新龙头成为增长担当。从江苏广电可见，主流媒体产业运营在媒体融合中已止跌回升，可望进入新的增长周期。其中的主要原因是经济发达吗？我们发现，江苏省内部媒体融

合水平差异甚大，就全国来说，不同地区和同一区域内媒体融合发展均存在差距，运营增长差距甚大，其中影响因素有哪些？从有关媒体融合案例评选结果中或能蠡测一二。

近年来，相关机构和省市相继开展媒体融合案例评选，以典型引领推动全局工作，国家广电总局已连续三年组织媒体融合先导单位、典型案例和成长项目评选。新闻出版相关机构也有案例评选，江苏、湖北、上海、浙江等相继开展本区域媒体融合，一些会议活动也组织案例评选，还有行业杂志和微信公号不断推出媒体融合案例。以广电总局媒体融合评选入选案例分布看，2019年，东部地区占51.2%，中部地区占28.2%，西部地区占18%，东北地区占2.6%；2020年，东部地区占57.5%，中部地区占20%，西部地区占22.5%；2021年，东部地区占62.5%，中部地区占25%，西部地区占10%，东北地区占2.5%。先导单位，西北和东北地区很少，而典型案例和成长项目，各区域均有分布，东部地区较多。案例显示的信息反映出不同区域媒体融合的状况，其影响因子有地区经济发展因素，但目前经济因素主要影响区域媒体的营收规模，对新媒体营收的比重影响并不显著，而本级党委政府及财政、宣传、组织、人事部门赋权使能因素，媒体机构的自我改革内驱和定位及路径选择的因素对媒体融合影响更大。总体看，媒体机构的体制机制改革是决定性因素，发达地区的媒体融合发展较好，首先是因为这些地方改革意识更强，发达地区有些媒体机构融合发展相对缓慢，就是因为改革滞后、路径迷失；欠发达地区有些媒体机构的改革意识强，媒体融合独树一帜，这说明影响媒体融合的本源因素中，区域经济条件不是主要的，相关单位和部门的融合发展观念、党委政府重视程度、改革担当和体制机制创新相对更重要。

改革就是将顶层设计与基层创新相结合，顶层设计管宏观管原则，基层创新管微观管实操。将中央关于媒体融合的战略部署和原则要求转化为基层的政策执行创新和媒体机构的改革突破，这是一次创新性飞跃。是坚持目标导向、问题导向和结果导向，创新性地运用中央政策积极解决媒体的共性问题；还是继续传统媒体的路径依赖，不主动应对遇到的问题，消极等待上一级党委政府出手推动，这是从宏观视角看到的媒体融合的关键因素。

二、媒体融合与营收结构变革的互促机制分析

媒体融合落地，必然推动媒体产业结构变革，新媒体业务和收入取代传统业务成为新增长极。从营收结构观察媒体融合路径，将有新的发现。先看报业运营，数据显示，头部报媒经营状况日益向好，全媒体矩阵初具规模，新媒体营收增长强劲，经营结构悄然转变。上海报业集团2021年总营收同比增长16.6%，新媒体收入占集团媒体主业收入比重达到64.31%，循着这个数据可发现“两微一端”和其他第三方平台账号已成为传播力影响力增长的新引擎，上海报业各媒体开设277个账号入驻近60家第三方平台，视频新媒体开设视频账号84个，日均生产视频时长587分钟，分别是2019年的2倍和3倍，上海报业新媒体的发展促进了媒体产业链内容生态服务、版权内容服务、内容分发交易服务、财经资讯与数据服务等创新服务收入，同比增幅达29.43%，大幅领先集团主营收入增幅。其他头部省市级党报也有类似特点。南方+、封面新闻、交汇点、新湖南、红星新闻等客户端产业运营能力增强。2021年，南方日报打造服务新品类“农业文创”，形成了新的竞争发展优势，南方+客户端收入首次超过报纸，达3.16亿元，同比增长18.8%；湖北日报实现新媒体收入5900万元，同比增幅超过80%；齐鲁晚报·齐鲁壹点新媒体创收超亿元，同比增长40%。当然放眼整个报媒，新媒体比重还小。中国广告协会报刊分会2021年上半年对近百家报业机构的调研显示，机构经营收入平均增长4.7%，新媒体收入占比从上年的11.5%提高到15.0%，总量小幅增长，新媒体权重小幅提升，原因是头部机构少，腰部尾部报业占大头，其新媒体经营收入增长乏力，使得媒体融合运营整

体上突破态势不明显。

在广电视听行业，新媒体收入占到50%以上，广电媒体融合营收也连续大幅增长。2021年上半年全国广播电视机构融合发展业务收入406.18亿元，同比增长29.67%。在湖南广电集团，2021年新媒体板块收入153.3亿元，远超传统媒体板块，其中新媒体广告收入达54.53亿元，同比增长31.75%，这是广电媒体融合发展的新高度。地市级的无锡广电推动新媒体在内容生产、平台构建、经营运作和品牌打造等方面的全面整合，打造的以“无锡博报”APP为主体，“无锡博报”（时政）、“无锡博报生活”微信公众号为两翼的广电新媒体领衔矩阵初步成形，2021年集团主营收入同比增长30%，利润达到年度指标的119%。德阳台则把媒体融合同智慧城市服务结合起来，以本地传播与服务平台移动客户端“德阳市民通”作为媒体融合的主战场，拓展技术开发、广告代理、自营产品、流量推送、互联网金融等经营业态，重塑媒体业务和产业运营，2021年前10个月经营总额约4500万元。其具体做法如下：一是建设资讯、音视频和服务的聚合型移动平台，开设“智慧广电”专区，让市民可通过手机收听、观看广播、电视直播节目，回看新闻栏目。此外，依托媒体资源，集成本地各类新闻资讯，全方位提供本地时政要闻、政府公告、社会新闻、生活资讯等，第一时间向市民发布重要信息。二是丰富场景应用，打通政务服务、生活服务、商务服务通道，增强用户黏性。布局“智慧政务”“智慧广电”“智慧金融”“智慧教育”“智慧医疗”“智慧社区”“智慧交通”“智慧文旅”“智慧司法”等版块，集成开发近300项公共服务类应用。还结合本地需求，自主研发一系列特色服务功能，如“智慧停车”“摆渡车查询”“三星堆线上畅游”“房产超市”“乐购德阳”“美食地图”“慢直播”等功能，极大满足市民需求。这些场景应用极大增强了“德阳市民通”的用户价值和用户渗透力，几个月之内就覆盖德阳全市70%人口，日均访问量达到30万人次，月均访问量1000万人次，成为本土第一用户流量平台、应用赋能平台和支付融合平台。“德阳市民通”提供了解决地市主流媒体移动客户端用户少问题的教材式案例，探索出地市台媒体融合发展新业务新业态新运营的路线图。

许多案例说明，现阶段党报党台新的产业运营模式对新闻宣传、市场生存与竞争能力至为关键，从一个方面决定了媒体融合发展成色。绍兴融媒体中心在传统的媒体广告外，优化营收机构的首选是拓展新的产业模式，重点开发会展、文创、旅游、体育、户外广告等新兴产业，媒体融合不仅使绍兴融媒体中心实现营收4.04亿元，还使其扭亏为盈，营收连续两年同比翻番。陕西广电融媒体集团过去主要靠频道频率广告和有线网收视费，媒体融合使媒体服务运营延伸到数字政府建设、云服务运营、雪亮工程、大型政企服务、产品带货、数据平台服务、融媒体账号服务、投融资、产业园区等。此类案例展现出主流媒体融合发展的新态势新力量，探索出新的产业版图扩展线路，建立了媒体融合与营收结构变革的互促机制。

但是，此类先进案例不多，其媒体融合的创新实践虽然带来行业前行的光亮，但难以扭转总体的滞缓。宏观数据显示，媒体融合投入甚巨、业态甚多，借助第三方平台的矩阵宣传效果显著，但目前运营收入总体较弱，媒体融合的经营短板十分突出，传统业态经营加快缩减，“媒体+政务服务商务”模式难以落地并产生经营收入，这些是主流媒体运营困难的主要原因。

新闻宣传和思想舆论阵地建设是媒体融合发展的最终目标，赢得用户市场和实现可持续营收是媒体融合发展必由之路，建立健全并大力推广媒体融合与营收结构变革的互促机制，需要从传播场景创新和产业模式创新两个撬点用力。

三、媒体融合关键在基层政策创新

毛泽东同志说，政策和策略是党的生命，政治路线确定之后，干部就是决定的因素。顶层设计至关重要，但没有基层的创新实践，顶层设计不可能转化为生产力。面对各种具体问题，必须有基层的政策创新与改革配套，才能推动媒体融合的突破。以下几方面基层政策创新尤其值得关注和借鉴。

第一，在整合中推进融合创新。陕西广电围绕媒体融合的改革在同类媒体中力度最大，至少在四个方面实现了突破。一是陕西省委出台《关于省级广播电视体制机制改革的实施方案》，整合陕西广播电视台和陕西广播电视集团有限公司，后者是有线网络的运营机构，组建陕西融媒体集团有限公司，加挂陕西广播电视台的牌子，实行企业化运作，具有独立企业法人资格，陕西台作为省级广播电视播出机构主体不变。这一改革突破了体制自我禁锢，意在解决传媒事业单位如何进入市场和传媒企业如何获得独有行政资源问题，从而确立媒体国有事业机构地位和市场主体地位，解决掣肘内部动力激活机制的难题。二是建立了省级融媒体平台的运行机制。省级融媒体平台是区域媒体布局战略和全媒体传播体系的中枢，需要突破现有的媒体资源报、台分割和层级分割的体制，整合主流媒体机构资源、建立横到边直到底的省级融媒体平台，形成资源一体、管理一体、传播一体的体制架构。三是建立了新的运营体系。开门办台，开展内容、技术、服务等系列政企服务项目，将建设智慧融媒体与打造治国理政平台融合一体进行布局，全面接入政府资源，拓展“媒体+政务服务商务”，与全省11个地市107个县区、53个厅局办、上百家企业家建立合作关系，集团组建经营中心，整合全台广告经营，解决小散问题。建立集团新媒体整合营销机制，合作建立行业融媒体中心，打造“智慧广电+”新运营体系，推动单一的广告经营向更高级别的“品牌运营、生态运营、平台运营”转变。四是建立新的管理机制。改革内部组织结构，取消传统的频道制，改革原来的中心制，创立全媒体生产传播业务线制，以新的产业业态为枢纽、以新的中心制为基础，建立协调高效机制。陕西融媒改革实践说明，地方具有体制机制改革的充分事权，媒体机构内部改革空间很大，党委政府高位推动改革是将顶层设计转化为具体实践的关键。

第二，地市党报党台的合并与改革。在地市一级，体制改革是本级党委政府的事权，党委政府的媒体融合改革的路线选择和决心力度，决定了本级媒体融合的进程。2019年绍兴市整合原绍兴日报社、原绍兴广播电视台，成立市新闻传媒中心（传媒集团）。传媒中心为绍兴市委直属事业单位，传媒集团为绍兴市政府直属国有文化企业，实行“两块牌子、一套班子”运行模式，重建融媒体的组织体系、干部体系、薪酬体系、制度体系、产业体系、技术体系。体制改革赋能媒体融合，绍兴新闻传媒中心打造的“越牛新闻”客户端上线一年多，用户量从12.6万骤增至420万，位居全省前列。齐齐哈尔广播电视中心曾经改革滞后，负债运行，工资拖欠，暴露了问题的严重性，当地市委、市政府于是加大力度深化市级媒体融合改革，从领导班子到体制机制进行全面改革，老问题得到解决，犹如打了强心针，台内活力迸发，一年就扭转了新闻宣传滑坡和营收持续下滑局面，第一步改革激发了活力，下一步改革是要推进内部组织、宣传业态和产业模式创新。如果没有地方党委政府的决心和支持，报台的改革就难以突破传统媒体的体制机制。大量案例表明，媒体融合改革首要的是本级党委政府的强劲势能。

第三，探索事业单位企业化管理和“一班人马、两块牌子”体制机制。这是近20年来媒体改革因地制宜做出的选择，由基层实践探索并以良好成效赢得了政策的认可。湖南、上海、江苏、浙江等省市的报和台较早实施这项改革，实现了领先发展，管理部门对类似改革表现出较强的包容性。实践证明，这是中国特色社会主义市场经济环境下适配体制内媒体的正确选择。党报、党台具有双重属性，在舆论宣传中是事业主体，但在市场服务中就是市场主体，事业、产业都是党领导下体制内主流媒体的本质特征。实行事业单位企业化管理有利于两者协同创新，事业单位因之注入市场活力，企业运营因之培根铸魂。但在一些地方，这一改革模式很难推行。有些相关部门认为媒体的“事业”和“企业”不能共体，要么实行事业体制，按一般的事业单位规定管理人财物和业务运行，忽视媒体生产的特殊性，必要的放权不够，大量一线和骨干人才被不公平对待，有效激励约束机制长期缺失；要么片面理解事业产业分离，将产业资源硬生生分割出来划归新成立的市场主体，这与当前媒体竞争新格局和运行环境相悖。前者导致管理机制的僵化，不利于激发活力；后者将业务资源分割，各媒体机构之间恶性竞争、形成内耗。在实践中，凡是实行传统事业体制人财物管理模式的，媒体融合最难最缓慢。推动媒体融合走出深水区，就要通过精细的改革，建立健全事业单位企业化管理的二位一体体制机制。

第四，升级全省融媒体平台，构建全媒体传播体系枢纽，以全省融媒体平台建设推动区域媒体深度融合。这一创新基于县级融媒体中心的省级技术平台，但植入了全网运营的构想，对于基于产品和网络重塑媒体格局、实现开门搞融合和合作促融合具有重大意义。湖北广电的长江云平台是首创者，它采取1+N的省市县融媒体中心合作发展模式，实施政务+新闻+服务模式，到2021年底已有80多家省直厅局入驻、119家市州县客户端上线，基本形成了覆盖省、市（州）、县三级，功能完备、互联互通、运行顺畅的移动网络公共信息服务体系。贵州省“云上贵州多彩宝”作为贵州省政府网移动端唯一门户，打造数字民生平台，率先实现水电、燃气缴费业务省市县乡村五级全覆盖，打通互联网民生服务最后一公里，将媒体纳入社会服务和治理体系。陕西、江苏、浙江等地在推进和完善。从案例看，这一基层创新正在多个省份逐步推进，但除了重大新闻行动上下打通联动外，在运营上尚无明显突破，说明这项意义重大的基层创新还需进一步推进。

第五，在媒体融合中大力推进政务数据资源接入。政务数据资源接入难是媒体融合的共性问题，这是推行中央媒体融合部署“新闻+政务服务商务”模式的最大障碍，也是省市县媒体融合亟待突破的环节。可喜的是，一些地方力行改革落实了中央要求。四川德阳台的基层创新体现在三个方面：一是同德阳政府服务与大数据局合作，在抗疫阶段应急开设的“德阳市民健康通”小程序基础上，整合新闻传播、政务服务、生活服务等，建设一个具有城市本地通APP功能的智慧城市新媒体平台。二是建立新的市场主体。德阳市政务服务和大数据局授权德阳市广播电视台、德阳发展集团（国有企业）共同投资成立德阳市民通数字科技有限公司，负责“德阳市民通”平台的运营。其中，德阳发展集团占股60%，德阳市广播电视台占股40%。德阳发展集团派驻董事长，负责统筹协调全市政务服务、生活服务、智慧城市等数字资源，接入“德阳市民通”平台；德阳台派驻总经理，负责“德阳市民通”平台的技术开发、内容打造、商业运营等工作。这一基层创新从体制改革入手，妥善解决了政务数据资源接入难的问题。推动主流媒体接入政务数据运营资源、扩展和做强社会服务，这是落实中央有关媒体融合战略部署、建立新型主流媒体的必由之路。

众多案例说明，基层创新一定经由改革，改革是媒体融合的动力之源。媒体体制机制改革依赖本级党委政府赋权，媒体内部的各项改革均需要本级党委政府相关部门协同推进。一些地方的媒体融合滞后，根本原因在于体制机制改革的滞后，媒体内部改革是内因，而其他部门的协同改革是外因，系统推动改革才能壮大媒体融合的驱动力。

四、推动媒体深度融合的政策靶向

媒体深度融合是媒体迭代变革的唯一支点和建设新型主流媒体的主要引擎。推动媒体深度融合，需要全面变革，借由变革才能加快重组媒体要素资源、重塑媒体生产运营结构、重建媒体竞争发展格局。综合调研结果来看，尽管顶层设计不断完善，但融合发展依然困难重重。要从以下几方面确定政策靶向，进行精准改革、有效推进。

正视省市级主流媒体面临的四大困境。调研发现，县级融媒体中心建设已取得总体性突破性进展，当前的任务是建强用好，而省市两级主流媒体生存发展形势严峻，媒体深度融合任务艰巨，成为重点难点，同时省市两级媒体融合的质量与效果将直接影响到县级融媒体中心能否建强用好。省市两级媒体的基础性问题是，以广告为主的传统产业模式难以为继，存量枯竭，增量拓展困难，经营上面临四大困境。一是经营和财务困境。相当多的媒体总体上收不抵支，财务压力越来越大，生存危机依然严峻。大多数报台的新媒体用户价值挖掘不够，用户分散，日活不足，传播和广告价值低，特别是一些报台仍然依赖版面和时段资源售卖，专题广告宣传占比大，影响节目品质和用户体验，难以持续发展。二是媒体结构失衡困境。新媒体业态比重小，传统媒体占大头，现有频道频率资源冗余严重，功能重复、内容同质、恶性竞争、生存困难，经营转型难，发展包袱大。三是人才困境。因分配和人事制度改革滞后，冗余供养人员过多，年轻人才待遇相对较低，成长空间小，人才持续流失，一线骨干力量尤其适应全媒体生产传播的复合型、创新型人才和年轻后备力量严重匮乏。四是协同推进困境。进入深度融合阶段，媒体机构内部的局部改革和末端改革边际效益递减，亟待协同和系统推进体制机制改革，但相关部门对媒体融合任务的紧迫性、形势的严峻性认识不足，主动性、建设性的作为不够，一些制约媒体发展活力的问题得不到根本性解决。推动新阶段媒体融合，应强化靶向思维，攻克这四大困境。

第一，要进一步提高政治站位，深化对媒体融合战略的认识。媒体融合是决定主流媒体前途命运和履行使命能力的关键一役，目的是打造一批具有强大影响力、竞争力的新型主流媒体，构建以内容建设为根本、以先进技术为支撑、以创新管理为保障的全媒体传播体系，切实做到人在哪儿，宣传工作的重点就在哪儿。要实施移动优先策略，牢牢占据舆论引导、思想引领、文化传承、服务人民的传播制高点，让宣传思想工作落地见效，扩大主流价值影响力版图，让党的声音传得更开、传得更广、传得更深入。要把提高政治站位具体体现到确保媒体机构一把手懂业务、有事业心、敢担当上来，具体体现到传播效果和有效守护舆论阵地上来，把产业经营聚焦到掌握媒体竞争主动性、赢得用户市场份额上来。

第二，进一步明确媒体融合新定位、新目标和新路径。坚定主流舆论阵地、综合服务平台、区域信息枢纽“三合一”定位。一是媒体的新宣传与新运营两手抓、两加强，以新闻宣传为媒体经营铸魂强基，以数字经济为新闻宣传强身健体，以公信力、权威性擦亮新型主流媒体的品牌。从实践看，媒体融合一定要在双轨上前行，一条是新闻宣传、内容制播和导向引领，这是主流媒体的职责使命；一条是用户拓展和产业经营，这是主流媒体发展的根基和经济基础。二是超越传统的媒体模式，超越寄居第三方账号矩阵，以当地服务应用场景为支撑，提供全媒体、全形态、全流程的泛媒体服务，自觉转型为党委政府和企事业单位政商服务的优质供应商，聚焦本地各个产业发展，在数字社区治理、智慧城市建设和推动乡村振兴等方面发力，实现对基层板块宣传、服务需求的全覆盖。构建以公信力为基础的本域化的网络化、数字化、智能化自主平台，拓展为当地社会治理体系的“新闻+政务服务商务”平台，“贴地飞行”，形成新的产业运营模式。三是做实做强移动客户端，推进媒体存量变革，发生化学反应。第49次《中国互联网络发展状况统计报告》显示：我国网民使用手机上网的比例达99.7%，远高于使用台式电脑（35%）、笔记本电脑（33%）、电视（28%）和平板电脑（27.4%），手机已成为人与世界交互的最主要窗口。因此移动客户端是媒体融合的关键、自主平台的核心。许多机构以传统媒体思维建设运营移动客户端，花了重金，但缺乏实用性、服务性、必要性，落地性不强，用户价值低，解决这一痛点，应借鉴成功案例的经验，立足独特优势，走与民营媒体平台差异化发展路线，在找准和创新应用场景上下功夫，以新的业态增量变革媒体存量。

第三，实行主流媒体脱困工程和赋能工程。强大的新型主流媒体是巩固壮大主流思想文化阵地的坚强卫士，也是媒体融合发展的主要标志，是重要的政策靶点。推动省市两级媒体深度融合，需要本级党委政府高位推动，以精准改革加快系统性重塑。改革是媒体融合最大的驱动力，要以全面深化改革补短板、抓落实、增活力，以关键点的突破引领改革向纵深推进，实现政策落地见效，重建主流传媒体系。自2013年中央对媒体融合做出部署以来，习近平总书记多次发表重要讲话，中办、国办先后三次印发专门文件，党中央对媒体融合的顶层设计不断完善，明确了任务要求和改革原则，明确各级党委政府要从政策、资金、人才等方面加大对媒体融合发展的支持力度，各级宣传管理部门要改革创新管理机制，配套落实政策措施。绍兴市的媒体深度融合快速推进，主要得益于绍兴市委、市政府在资金上大力扶持、在改革上切实推进，市政府通过固定资产置换方式解决了新绍兴传媒中心大楼14.5亿元的建设资金。从2020年起，绍兴市政府还设立了每年3000万元的媒体融合专项资金，通过购买服务和专项补助的形式支持市级媒体融合。但是，许多地方和媒体机构在结合本地区本单位实际，因地制宜积极落实中央关于媒体融合的原则要求方面不全面、不到位、力度不足。现阶段各级相关部门要积极落实中央决策部署，聚焦制约媒体融合的堵点难点关键点，强化有效政策供给，为主流媒体培正、补血、松绑，卸除过去留下来的冗员与财务包袱。不同地区不同层级遇到的问题有所不同，要支持和提供一地一策、一媒体一策，务求破除传统的体制机制、人才队伍、经费支持、活力激发和相关资源配置问题，大力推进媒体横向整合和纵向一网建设，建设区域融媒体平台，以扩展服务来拓展用户，以用户集聚做强媒体，以做强媒体巩固思想文化阵地。

【作者系国家广电总局发展研究中心副主任】

深化体制机制改革：主流媒体纵深融合的内在动能源泉

胡正荣
李　荃

媒体，尤其是主流媒体，其之于社会就如神经系统之于生命体，在社会平稳、流畅运转过程中扮演着重要的角色。时下，信息传播实践在数字技术的赋能下得以突破时空界限，信息的无远弗届正日益成为可能，引发了传播生态与舆论环境的巨大变化。在此背景下，加快推进媒体深度融合发展、建设全媒体成为各级主流媒体应对时代挑战的一项紧迫任务和课题。囿于工业时代所形成的条块分割、缺乏联系的传统媒体思维和惯性逻辑，现阶段主流媒体自身的体制机制已然成为其推进全媒体转向、重塑旧有传播体系的桎梏与阻碍。近年来，各级主流媒体为了改善体制机制滞后对全媒体建设实践的消极影响，在体制机制改革中进行了大量的尝试探索，通过整合、合并重组和企业改制等手段，使得流程优化、多样化经营和人才自由流动等现象成为可能，自身的建设也因此获得了强大的、充足的活力。

考虑到体制机制改革必然要触及分配格局等层面，因而体制机制的改革大都举步维艰，有的也只是一些局部性和短期化的改革，距离彻底变革生产关系来激发行业活力的要求依旧相差甚远。2020年6月30日，中共中央全面深化改革委员会审议通过了《关于加快推进媒体深度融合发展的意见》，就这一问题对下一步的工作给予了具有指导意义的方案和进路，即集中力量于体制机制改革的深化和全媒体人才的培育，并在此基础上切实推进新型主流媒体和全媒体传播体系的建设。由此可见，在融合实践迈向纵深的过程中，相比于生产流程的调整、业务部门的整合及技术平台的建设这些外显形态的融合，体制机制改革作为推进媒体融合迈向纵深的内在动能源泉，在确保系统统一性和协调性的同时，还能充分赋予和凸显各个组成部分的自由度，因而更具有先导性和战略性的决定意义。未来，体制机制的改革应当从体制框架、机制体系和人才建设三个层面具体展开。

一、体制框架层面改革：主流媒体纵深融合的基础

主流媒体要落实深化体制机制全面变革，首先要从自身的体制框架层面问题下手和切入，即对主流媒体深度融合后的属性进行重新界定以及对其结构体系进行根本调整，并对监督、评估体系进行统一与完善。

首先，要对主流媒体深度融合后的属性做一个明确的界定。属性的差异不仅直接决定了该机构在社会中所扮演的角色和承担的功能，其自身的发展模式及与之相对应的监管政策等方面亦有所不同。纵览现阶段我国的主流媒体格局，会发现机构媒体的体制机制改革极其不均衡，其中既有已经完成集团化改革并较好融入资本市场甚至公开上市的如湖南广电为代表的企业集团，也有大量隶属于公益一类、公益二类事业单位的各级各类媒体机构，这些机构中的绝大多数由于尚未完全实现“政事分开”，往往在市场化经营方面受到巨大的限

制而缺乏自主的造血能力。在业已到来的数字经济时代，各级主流媒体在技术浪潮的裹挟下与各个互联网平台进入了相同的赛道，传统意义上公益事业单位的属性以及与其适应的运作模式已经无法适应数字化时代的市场竞争。事实证明，果断抛弃过去的陈旧的机关运作方式、积极融入社会主义市场经济中加快转企改制，不仅能够借助参股、并购等商业手段推动经营性业务、营收模式的持续创新与全新经济支撑点的挖掘与寻找，更是能够在生产关系与资源配置方面充分发挥优化作用，从而有效提高既有资源利用的效率并激发人才队伍的创造活力，最终早日实现强大的自我造血功能。

其次，主流媒体深度融合后要形塑一种全新的结构体系，即现代的全媒体传播体系。长久以来，我国主流媒体的结构体系大致遵循两种思路，即按照层级、地域分布或行业、部门分布。但在现实生活中，以上两种思路较难达成一种明确的界限而时常混杂在一起，因此严重制约了体制机制改革的进程与成效。通过对过去割裂的结构体系进行调整，将分属于不同地区、行业的媒体机构一概纳入全媒体传播体系当中将有效改变这一现状。新的体系从本质上应当被视为整体社会系统中的社会信息子系统，是一个由纵向贯通多层次、横向覆盖全地域的新型主流媒体所构成，以用户为中心，传播能够实现全程、全息、全员、全效的，资源集约、结构合理、差异发展和协同高效的智慧传播生态系统。未来，全媒体传播体系将在传统传播体系的基础上进一步迭代和重塑，以一种宏观性、开放性、包容性的姿态打破主体、地域和平台的三重壁垒，融合接入各个层级和地区、线上和线下的最广泛社会资源，承担起作为信息社会集敏锐感知、智能沟通和智慧决策三位一体的社会治理平台的责任与担当，并在更大范围内实现信息传播的价值释放。

最后，现阶段主流媒体的深度融合仍缺乏一个能够对其成效评估、监督的体系，该体系的缺位使得主流媒体的融合实践与全媒体传播体系的建设成效无法被直观地感知和了解，融合实践迈向纵深的安全系数和推进效率自然无法得到保障。对于处于深度融合阶段的各级主流媒体来说，一个能够适配其融合发展现状以及倒逼融合实践不断自我优化的评估、监管体系亟待设计与打造，这个评估体系要在以传播效果为核心的基础上兼顾服务功能这一重要指标，此外还必须要容纳国家治理相关的视角与维度。

二、机制体系层面改革：主流媒体纵深融合的关键

在体制框架层面之外，涉及诸如内部组织架构、业务流程及管理体系等内容的机制体系亦是推进主流媒体深度融合必须要进行调整的部分。

首先，主流媒体深度融合后的内部组织架构应当是一种根据业务划分来架构的模式。从目前融合实践成效较为理想的机构媒体的经验上看，传统观念下按照广播、电视等单一媒体类型来进行二级机构的划分的方式已经不能再适应已然发生颠覆性变革的传媒生态，根据所覆盖和开展的业务项目进行组织架构的模式成为一种可行路径，即我们通常所讲的项目事业部制。在这种二级机构建制的模式下，每一个二级机构在后台技术部门、品牌运营部门的支撑下，分别负责某一垂直领域的内容、服务等方面的深度开发，并在该领域的产品生产流程中发挥统筹、协调的重要功能。现阶段的一些地方媒体正在尝试做的MCN（多频道网络）实际上就是这种模式在更微观层面上组织重构的改革尝试。综上，只有将那些生产相似内容、产品和服务的资源汇聚在同一个部门中，才能实现高效的资源共享与开发，媒体融合才能真正意义上实现从简单物理叠加向化学深融的转变。

其次，主流媒体深度融合的业务流程也要再造。在传统媒体时代，机构媒体的生产、流通、消费等环节往往是单独和脱节的，负责内容生产的节目部、负责渠道分发的技术部跟负责市场运营的广告部并未形成一种高效、合理的联动机制。实际上，传统主流媒体由于缺乏对于全流程的打通，自然无

法围绕其所具有的优质内容进行全产业链、全供应链和全价值链的开发，更遑论依托内容优势释放更大价值。依托已经通过深度融合重塑而成的全媒体组织架构，深度融合后的主流媒体应当将自身的业务流程打造为一次采集、多次发布、多层级生产和全平台传播的良性循环链条，全流程共同服务于同一个项目事业。具体来看，首先是其负责运营的部门根据来自线上线下的大数据进行市场分析，并将分析结果分享给其他部门进行内容产品与服务项目的策划与开发，生产与技术部门在此基础上进行生产与传输，并根据用户的反馈开始新一轮的循环。如此一来，当下媒体融合实践中仍然存在的这种由于部门之间缺乏交流与合作而产生的资源耗费、效率低下的现象才能够得到较好的改善。

最后，深度融合后的主流媒体应当在自有平台的支撑下，探索建设一个扁平架构的，以用户需求为价值指引的，接入广泛资源、涵盖多种服务的，各种资源都能够被合理且高效配置的内部管理体系。

三、人才队伍层面改革：主流媒体纵深融合的保证

体制机制改革的最终目的是通过社会生产要素与资源的高效配置来实现组织活力的充分释放，而在所有的社会生产关系构成要素和资源当中，人才自始至终都是最为核心和关键的资源与要素，正所谓“多士成大业，群贤济弘绩”。时下，传媒环境和舆论生态的巨大变迁剧烈冲击了我国各级主流媒体，人才供给不足、人才流失严重、人才断层、用人不规范等现象屡见不鲜，人才队伍层面的问题业已成为制约各级主流媒体挺进互联网主战场、推进纵深融合的最大桎梏和突出瓶颈。对于旨在推进媒体融合迈向纵深的各级主流媒体来说，打破陈旧的用人观念和条条框框，在借助培养和引进等途径做大人才队伍增量的同时，通过健全保障、激励机制来盘活存量，实现人尽其才、才尽其用、用当其时，应当是下一

阶段体制机制改革的核心一环，亦是推进和实现媒体深度融合的重要保证。

首先，要加强全媒体人才的培训和引进，不断优化和补充全媒体人才队伍。随着全媒体时代的到来，主流媒体的任务已经变成挺进互联网主战场、占领新媒体主阵地，与之相应的人才标准也在发生变化，具有互联网思维，能够胜任全媒体流程与平台建设、全媒体业态与生态发展的专门人才成为主流媒体融合发展所最需要的人才。在人才培训方面，对机构既有人才资源进行岗位培训是缓解和弥补各级主流媒体人才短缺这一问题的最有效、最快速和最容易落地的方法。实际上，无论是一线的生产、经营等团队，抑或是负责行政的工作人员，全媒体相关的技能都是其在全媒体时代所必须要具备的，因为只有这种能够覆盖全员、全部门、全层级的岗位培训才能真正盘活人才资源存量，进而改变传统媒体时代形成的滞后的资源配置方式。具体来看，各级主流媒体应当在机构内部继续坚持业务专题培训、轮岗培训、导师指导等传统培训手段的同时，在机构外部的全社会范围内寻求培训资源的开发与拓展，努力与互联网企业、高等学校等社会机构达成共识与合作，以期构建和探索出一套能够在实操实战中演练、在开放环境中学习、在跨界互动中成长的全媒体时代培训模式。在培训之外，通过多种方式、渠道引进和吸纳全媒体人才同样是人才队伍优化和补充的重要环节。一直以来，高等院校所培养的专业人才为主流媒体发展提供了源源不断的新鲜血液。但随着融合迈入纵深阶段，主流媒体在人才需求结构上发生了巨大变化，技术型人才、管理型人才等高层次人才的需求量大大增加，仅依靠高等院校所供给的人才难以匹配推进融合变革的实际需求。近年来，包括人民网、南方报业传媒等在内的多家主流媒体都在招揽全媒体人才上加大了引才力度、丰富了引才渠道、优化了引才方式，以期通过不断吸收新鲜血液来维持自身机构人才队伍的活力，来自新媒体公司、高等院校等社会机构的人才都成为各级主流媒体的目标人群。

其次，要健全全媒体人才的人事保障和激励机制，充分激发人才队伍的活力和创造力。囿于工业时代的传统媒体思维，主流媒体在人才的保障和激励机制方面存在着不规范甚至是缺失的情况，并最终导致了优秀人才的大量流失。针对这一方面问题，各级主流媒体应当积极推进人事方面改革，构建一种更加灵活、公平与合理的用人制度，以期真正实现用制度留人、用制度吸引人，为机构自身的长远、有序和健康发展提供充足的动能保障。近两年，我们能够看到各级主流媒体在人事保障和管理方面有了长足的进步，但是对人才活力的释放和激励仍远远不足，特别是在激励方面。

在笔者看来，激励有以下几种手段和渠道。一是物质激励，要改变长期以来“同工不同酬、同岗不同责”的现状，为机构内的人才提供完善且合理的薪酬分配体系和奖励制度。二是荣誉激励，根据人才的工作成果对其进行表彰，让上进、优秀的人才能够在工作中获得成就感、荣誉感。三是上升通道激励，各级主流媒体机构里面至少要有两个上升通道：干得好的编辑和记者提到中心主任，这是一种通道，也叫职务通道；职称通道或者叫专业通道是第二个通道，职称是跟收入挂钩的，首席记者、首席编辑的待遇可能跟中心主任差不多。从现实情况来讲，一些主流媒体已经着手自身评价激励机制的健全和完善，并取得了较为理想的效果。

结语

实际上，任何一种体制机制都是适应它所在的社会与时代的。对于现阶段的各级主流媒体来说，体制机制改革是推进媒体融合迈向纵深过程中最重要的一个任务，工业时代所形成的体制机制已经无法匹配当下的全媒体时代而成为融合发展的最大制约因素，这个问题不去解决和处理，媒体融合迈向纵深发展阶段自然无从谈起。

未来，伴随着数字信息技术进一步融入社会的方方面面，传播与媒体将在整体人类社会中扮演更为重要的角色。对于各级主流媒体来说，未来必须要在立足现有改革成果的基础上因时而动、顺势而为，以一种更加锐意进取的姿态去聚焦发力、清障开路，加快媒体融合迈向纵深。

【作者胡正荣系中国社会科学院新闻与传播研究所所长，
李荃系中国传媒大学传播研究院博士研究生】

参考文献：

[1]蔡雯.媒体融合进程中的“连接”与“开放”——兼论新型主流媒体建设的难点突破[J].国际新闻界,2020,42(10):12.

[2]胡正荣,李荃.走向智慧全媒体生态:媒体融合的历史沿革和未来展望[J].新闻与写作,2019(5):7.

[3]黄楚新,邵赛男.跨越与突破:媒体融合纵深发展的路径[J].中国编辑,2021(3):4-9.

[4]姬德强,朱泓宇.传播,服务与治理:媒体深度融合的三元评价体系[J].新闻与写作,2021(1):7.

[5]强月新,吕铠.生态思维视野下全媒体传播体系建设及其关键策略[J].当代传播,2021(5).

[6]张磊,胡正荣.重建公共传播体系:媒体深度融合的关键理念与实践路径[J].中国编辑,2022(1):6.

把握融媒发展逻辑主线，开创时代新发展格局

朱剑飞

牛年新春伊始，“十四五”扬帆起航。作为“全国一盘棋”的一部分，新闻传播领域在“建强用好县级融媒体中心”的基础上，将战略实施定格在“推进媒体深度融合，实施全媒体传播工程，做强新型主流媒体”。而且，在同样秉承规划既定的，即坚持党的全面领导、坚持以人民为中心、坚持新发展理念、坚持深化改革开放、坚持系统观念这“五大原则”前提下，做到主动有效地开创时代新发展格局，稳步驶入传媒全行业转型升级新里程，厘清当下什么是融媒创新发展逻辑主线则是必修课。

一、必须深刻了解新兴媒体崛起带来的行业巨大变化

首先，是新兴媒体加快了媒体属性与运行的转型。新兴媒体是在技术与资本双重加持下应运而生的，它高度关注“用户”和“社交”两个层面，是技术革命为先导的数网化产物，也是市场生存竞争与社会互动交流为基点的产业化结晶。甫一面世，它就施行适合市场化生存的公司制。它在融合发展中的崛起，推动并加快了传统主流媒体的转型：从“内容供应商”转型为“产品定制商”与“平台运营商”，也带出与之融合一体化发展的轨道，是“技术与运用、内容与服务、平台与渠道、终端与用户、产业与政策”五个维度的有机融合；而整个媒体融合的最高形态，是“真正的融合媒介将实现对媒介产业的全面覆盖”。基于网络本身就是经营平台，无论“媒体平台化”还是“平台媒体化”，其“融合的本质是产业融合”。

其次，是网络发展带动了媒体融合的泛平台建设。网络和媒体原本分属两个不同的概念，当它们在20世纪末彼此联姻的时候，却拉动了人类传播史上新的革命，此间，引出了有革命性意义的“互联网+”的“互联网思维”——“一种重新结构社会的结构性新方式”，也产生了媒体融合发展实施重大转型的“媒体平台化与平台媒体化”——媒介平台化的一体两面。当下，主流媒体抱团入网努力成为网络平台型强势媒体是既定发展目标。上至系统云、网络台、门户站，下至标配的“两微一端”、新媒体矩阵，不一而足，但同样是既有传媒在移动互联网和社会化媒介迅猛发展的基础上为赢取自身有序发展所找到的融合性“出路”。“平台化”强调利用线上核心节点互动连通一切的手段，延长用户时长，增强用户黏度，从而为媒体融合发展提供必不可少的网络技术生存与市场运营空间，是新时期传媒产业结构调整、促进媒介制度创新的必经之路。

二、必须凝聚共识确立以产业为基础的融媒发展目标

“产业化”是媒体融合发展的生存土壤。社会主义市场经济的确立与完善，构成了中国改革开放四十余年最重要的内容。中国传媒体制改革呈现“三段论”：经历或正在经历从“行政事业型”向“宣传经营型”再向“特殊产业型”这充满改革阵痛但又有奇迹不断涌现的转型。其间的传媒发展轨迹，强调立足点的根基就是媒体的社会公信力与传播影响力，支撑点的力度来自市场主体应有的生存空间与经济实力，这是一条有中国传媒发展特色的“产业化的事业”之道。盖因媒体转型不仅是传播问题，也是经济问题：是既要事业影响力，也要市场竞争力。传媒发展不仅要解决自身转型问题，还应解决行业整体持续发展动力的问题。当年作为反面教材的重庆卫视“逆市”，表明“在市场上没有效益的媒介是没有社会影响力的媒介”。今天，上线入网融合发展的新型媒体，已非传统意义上“条块分割”的机构媒体，而是经过“平台化”整合后，由“产业带出事业”且“无远弗届”的新型大媒体、超媒体、跨媒体，且有如下新发展方式的全新要求——必须注重用户体验，这是传媒产业运作的逻辑起点；需要增强版权意识，这是传媒产业运作的法律保障；管控引入资本运营，这是传媒产业运作的既定范式；明确产权主体职责，这是传媒产权制度的必经之路；赢取传媒“双效模式”，即力争社会与经济这两者“综合效益的最大化”，这是传媒产业的理想归宿，这也是党中央近期一再要求“各地区各部门要充分认识完善要素市场化配置的重要性”的底层逻辑。事实上，产业属性与喉舌功能完全可以在不断加强和完善法律规约和行业管理的条件下实现有机统一。这一基于新兴媒体崛起的新发展理念确有必要贯穿在融媒发展的始终。

传媒行业以往多纠缠于“事业办企业抑或企业办事业”之争，常常集体无意识地将产业化与商业化画上唯一的等号，混淆产业化与商业化的多重逻辑关系，以致长期难以摆脱“体制内是传媒而体制外才是产业”的尴尬标签。因

此，厘清当下传媒的真正属性是破局利器，也是凝聚共识的理性要素：在互联网崛起，“人人皆媒”导致信息市场事实开放与两大舆论场共存的新传播环境下，主流媒体亟须实现政治、社会、经济三重本质属性的合理回归，即从党和政府“喉舌”的政治属性（舆论工具）、大众传播的社会属性（社会公器）、产业组织的经济属性（经营实体）这三个方面去完善对主流媒体的科学界定，了解这三者是互相催生、互相依存、互相制约的关系，从而也确立了传媒从业者既是传播者又是经营者，同时也是建设者的多重角色。鉴于传媒业作为生产精神产品的行业，除本身具有上述现代产业特征，需面向市场之外，还因其最重要的政治属性，必须“国控党管”，即要自觉接受执政党意识形态的宣传管理并为国家严格控股，因而被定性为“尊重意识形态的特殊产业”，并相应规定，推进的系列传媒改革必须有“党管意识形态不能变，党管干部不能变，党管舆论导向不能变，党管宣传不能变”这铁打的“四不原则”底线的保驾护航。当中，党的领导核心作用尤为关键。基于深刻历史教训而应谨记的，是这种具有中国特色的传媒产业的“特殊性”绝不能被引申为或等同于与市场化绝缘的“特殊论”。

三、必须矢志不渝坚持以改革为先驱的融合发展进路

（一）媒介融合不等同于媒体融合

中国传媒业界要获得持续增强的发展动力和活力，按“十四五”规划所言，必须坚定不移地推进改革，富于勇气继续推出并强化“有利于提高资源配置效率，有利于调动全社会积极性的重大改革开放措施”。媒介融合是20世纪80年代全球进入信息革命时代之后催生的产物。只是在国外，尤其在西方发达国家，由于不存在运行体制差异的强力阻隔，其研究指向与实践成果更多落在

数网技术引入与内容形态融合创新层面上。美国密苏里新闻学院当年在世界上首创媒体融合新闻系，推动者即是“全美最了解媒介融合的人之一”的章于炎博士。作为第一个将“媒介融合”翻译成中文的人，他于2018年在央视开讲座时给出媒介融合的定义是“一种适应未来发展趋势的媒体战略”，十分看重媒体平台化与内容的增值散发；认为关键点在于顶层设计、编辑记者思想观念的重视和转变、技术的培训和提高、资金的投入；强调与之配套的是超级内容管理系统（CMS）与全媒体新闻中心及其指挥平台（中央厨房）的建立、多媒体记者设备的购置、新型媒体平台的构建和新兴媒体人才的引进等。这一潮流所及，影响到中国，则不仅如此。

在清醒研判当下传统媒体发展滞后、经营理念落后和市场竞争力偏弱的现状后，以习近平同志为核心的的党中央郑重提出了要推动传统媒体和新兴媒体的深度融合，建立融合发展的现代传播体系和传媒集团的政策导向。当中可解读到这一融合发展已从海外的重视媒介功能一体化并热衷于打通技术壁垒的“媒介融合”，有意识地跃升到本土的要在运行管理制度层面上发生深刻变化的“媒体融合”。而这一“肇始于技术创新，加速于制度创新，深化于市场创新，最终表现为传媒产品和传媒业态的创新”，已然成为党中央全面深化改革战略实施的一项重大发展举措。

（二）媒体深度融合是在深化改革

“媒体融合发展是一篇大文章。”在2014年8月18日中央全面深化改革领导小组第四次会议上明确提出“推动传统媒体和新兴媒体融合发展”之后，习近平总书记随即在视察解放军报社、党的新闻舆论工作座谈会、全国宣传思想工作会议等重要场合的讲话中都多次对媒体融合做出了重要指示和部署。在这期间，全国各地、各级主流媒体积极投身媒体融合发展：一是主流媒体的平台化建设，“两微一端”与新媒体矩阵已成标配；二是省级以上主干媒体侧重打造中央厨房与建设云平台；三是县市支系媒体按期分批有序完成融媒中心建设。于此，主流媒体的融媒体拳头产品纷纷问世，现象级内容层出不穷，融合发展的更大格局渐显雏形。只是存在的问题却也不容忽视，其中既有省市级主干媒体“融而不得”与“融易合难”的老大难现象，更有系统性实体产业支撑手段有限，地方基层媒体自我造血机能的普遍积弱。

“从目前情况看，我国媒体融合发展整体优势还没有充分发挥出来。”习近平总书记此前在政治局集体学习时的重要论述，表明“媒体融合又是一个改革深水区”。当年人民日报社总编辑杨振武在深圳论坛指出，“媒体融合是一场革命性的转基因工程”，很早意识到推进媒体融合的“最大难点就在于传统体制机制的打破、重组、融合”。由此，2020年媒体融合进入“深度发展阶段”。中共中央办公厅、国务院办公厅印发的《关于加快推进媒体深度融合发展的意见》（以下简称《意见》），从重要意义、目标任务、工作原则三个方面明确了媒体深度融合发展的总体要求，其中具体要求坚持一体发展，坚持科学布局，坚持改革创新。如果说自2014年以来的媒体融合实践主要解决的是技术创新、平台打造、机构建设的问题，那么下一阶段的“媒体深度融合”则要进一步解决市场创新、体制创新和网络反哺与产业支撑以及在此基础上的可持续发展问题，防止融合面浅表化。“平台打造”并不必然带来流量，即便有了流量也未必就能变现，想方设法增强《意见》中所言的“自我造血机能”应是媒体深度融合的进阶之道。这反映出改革的本质是体制创新流程的再造，亟须改变的是基因重组而非停留在局部改良创新的低层次上。为此，思想转型与观念解放，是推动当前传媒改革的前提条件；建立和完善激励机制则是动力所在。

（三）智媒体并非融媒体归宿结局

融媒体与智媒体也是当下构成争议的两大关联概念。学界颇为流行的一种说法，即融媒体发展的结果必然是智媒体归宿结局的观点，是值得商榷的。因为其在有意无意地淡化或忽略融媒体改革应有的力度与必要。作为一种理性的回应，只能说这两者是一种关联而非因果的关系：

融媒体，是国家实施新一轮深化改革的行业目标，是主流媒体为适应网络时代需求而迅速提升自身传播力、公信力与影响力的既定成果。此前的“媒介融合”“三网融合”“多媒体”甚至“全媒体”这些提法，都是媒体融合在不同阶段认识的产物。融媒体作为新一轮传媒改革的产物，是现实困境倒逼的结果。只是当中最常见的“融而不合”与“融易合难”，表明其光有技术为先的努力且停留在媒介融合的阶段是远远不够的。保有抗压增值竞争能力的融媒体的产生需要以集团化、产业化、数网化、平台化、特色化加专业化这“5+1”为前提要求。技术为先，改革为重，内容为王，主流媒体意在通过技术创新与体制机制的变革，形成一体化发展的生存格局，从中培育进而强化实体力量，解除生存危机并发展壮大，这有一定战略期限，即关窗期。当中，变革意味着新生，融合代表着共荣。

智媒体，是与大数据、云计算技术相结合的时代产物，是大众媒体在人工智能科技发展兴盛期合乎逻辑的结果。它沿袭媒介融合这一技术为先的一脉，与媒介环境学派倡导的人性化趋势理论相吻合，但它也意识到媒介进化是诸多因素共同作用的结果，而不仅仅是信息技术决定的必然产物，故与改革为重艰难前行的融媒体是相联而非因果的关系。但从技术层面上来看，它需要的是在消化吸收此先信息革命积极成果的同时，清醒认识到物联网（IOT）实时互联技术服务的“万物皆媒”会引发第四次工业革命；明确加快开发利用人脑芯片、量子计算与仿生计算机而构建“人机共生”的生态格局是未来之道。人工智能技术迭代创新现有媒体，确实能够相应改善传媒业的生态面貌，特别是在微观上重塑传媒产业的业务链。随着人工智能技术的不断深入发展，传媒业须持续保有想象力与创造力，因为“人工智能+传媒”的协同进化永无止境。只是人们在日益分享智能应用的成功与快感的同时，却有必要回味苹果公司CEO库克在乌镇中国互联网大会上所说的，“很多人都在谈AI（人工智能），我并不担心机器人会像人一样思考，我担心的是人像机器一样思考”，这是警世格言，振聋发聩！

四、必须胸怀大志开创系统化均衡布局的发展大格局

现代系统观的要求，是加强前瞻性思考、全局性谋划、战略性布局、整体性推进。作为现代传媒领域的结构性改革大局，会应势要求围绕一体化融合发展的既定目标，有步骤、分阶段、高效率实现三大战略布局：垂直化深耕、集团化发展与大网络反哺。

其一，垂直深耕汇入区域一体化发展大潮。媒体融合是讲平台运营的系统工程，在着意实施区域一体化的新格局中，必然存在族群水平型与垂直型结构汇聚交集或分化成层的现象。因为系统中若有强力传媒实体者（集团）崛起，其会理所当然地选择内容资源汇聚整合的方式来赢取海量注册用户，以此构成大而全的综合水平型平台来显示自身媒介系统的宽度、资源的广度和实力的强度。随着产业集中度与市场占有率的提升，平台内容的同质化与用户需求的个性化则因差异性被忽视造成传播效果减弱的问题日益显现，带出了行业与领域的多界整合与特定界别的深入发掘与发展结合的命题，随之全局性的平台水平型与垂直型结构需合理开发交集铺陈的格局呼之欲出。此时，强势的媒介平台主体，特别期待或落地强调系列垂直领域的深耕细作——有意让属于支系的基层媒体分建垂直网站，添列垂直频道，甘当垂直搜索引擎，凭借具有深度的信息、高度的专业水准或专一对口服务，着意成为互联网新亮点，真心用具体、专业、实用的努力，突显自

身的地方存在价值。同时这也是通过相关资源整合与社会资本运作，不失时机汇入跨介质跨行业甚而跨体制融合大发展的时代潮流。这既是产业集团化“条块合一”催生的产物，也是媒介市场化“垂直营销”的生存手段。它往往要求子系列或支系实体，服从“全局一盘棋”，借助上游水平型平台资源的开发利用，靠专业布局与专一程度再加个性化与特定性赢取“长尾效应”。当前，经过近三年的行政整合，县级融媒中心建设任务接近尾声，地市一级的接力提到议事日程上来。但系列问题也接踵而至，即已经网络化的基层融媒中心，由于多靠政府的财政支持，而且也缺乏甚而丢失产业资源的扶掖，但凡决心不走计划经济回头路，不甘于靠财政拨款小打小闹的地方媒体，对内对下——就得调控那些效益不彰的虚拟平台的多重设置与新媒体矩阵的无节制开发，而且还得敢于正视热衷的分发平台为何难免有内容同质化的新矛盾，开始拷问传统媒体的抱团取暖为何不能把广告创收当作最大稳定收入来源的新难题；对外对上——就得研究是否在一体化中凭借独特价值被纳入区域化强势传媒集团地方系列而共享机缘，在系统内讲市场差异是否有“在过量的可供消费的信息资源中有效分配注意力”的战略需求，从而在资源要素的系列整合中找出甘当配角（一体中的子系列与分支）的定力与价值所在，刻不容缓地汇入大潮。

其二，中心集团助力区域一体化拓疆发展。集团化发展是媒体融合整体战略目标中的重中之重，是时代赋予主干强势媒体的转型专利，而且垂直领域深耕细作的平台牵引者非其莫属。今天能够堪称有区域化扩张实力的传媒集团，必须拥有可以整合相关区域资源或统领区域网络运作的能量与手段。其中一个必选项是其有广泛性支系媒体在垂直领域呈辅助性存在，否则，就是不接地气的无源之水、无根之木。只是当中如何去解决“有系无统”这一中国传媒体制结构性痼疾带来的条块分割、多头管理、职责不清等问题确是一大难题。值得庆幸的是，实施区域协调发展乃至中心区域的产业一体化正在上升为国家的重大发展战略，这也是党的十九大确立的习近平新时代中国特色社会主义思想中有关区域经济发展战略思想的精髓部分。以此相关联，它“为在深度融合发展中的地方尤其是省级实力媒体的自身发展带来一个重大历史机遇，也为重振雄风的主流媒体带来了希望的制度想象空间”。2020年广电总局跟进印发的《关于加快推进广播电视媒体深度融合发展的意见》，提出“鼓励建立区域协作体，有序推进跨地区、跨层级、跨行业、跨媒体资源整合，逐步建成几家区域级乃至全国性、骨干型新型主流媒体集团，充分发挥规模效应，提高行业整体竞争实力”，这是国家层面首次基于“跨地区”“跨层级”的媒体区域化发展提出指导意见。中国教育电视台总编辑胡正荣就此解读：当前的融媒体格局总体上是以县—市—省的一条线性结构去做的，而网络时代无远弗届，是没有地域区别的，因此能否实现跨区域、跨时空概念的“全程媒体”更为重要。从国家层面的政策指引、传媒行业的发展需求以及学界的研究认识来看，媒体的区域一体化发展已成为媒体深度融合的应有之义。在现阶段，随着全国地市融媒中心的规范建立与逐步完善，区域性的中心传媒集团化的运作开始提到当下发展议程上来。我们之所以首先寄望于一二线城市的中心传媒集团冒头，是因为当下的环渤海地区、长三角地区、珠三角地区均被列为国家优先开发的三个特大城市群，它们得天独厚，坐拥可以赢得发展先机的流动优秀产业资源与超常超强经济实力，还有全国性与区域性的中心辐射效应。当然，还得注重这类中心集团本身是否具备互联网思维的观念解放与具备“三跨”（跨媒体、跨区域、跨产业）功效的实力基础。而践行网络平台化与产业集团化则是打破区域壁垒与行政垄断进而开创发展新格局的不二选择。

其三，大网络反哺提升主流媒体融合指数。2009年始，全国广电行业艰难实施的“台网分离”，是应中国“入世”环境所求，针对各地电视台低水平的围城运作与窄资源有限利用之短板而推出的行业整改举措。迄今为止，一方面是全国近三分之二的省份实现了辖区一张网的布局，不少省市有线网络公司业已挂牌上市，使得原先在“三网融合”中的行业尴尬地位有了明显提升。但另一方面，形势发生骤然变化，在经历了“三网融合”倒逼“台网分离”的改革阵痛之后，新的矛盾带来了新的问题，即面对新媒体的崛起与主流媒体市场营销环境颓势日显的大背景，广电媒体尤其市县基层媒体分离有线网络之后其生存发展出现悖论，台网矛盾十分突出——“网台分离中的存量分红往往不兑现，本意制播分离，共享发展红利，只是事与愿违，又异化成对内容生产一线实体的资源掠夺。因为剥离的网线一方，往往以重组投资过大为由而少有兑现或切割诺言，但获一本万利，构成既得利益，让基层媒体失去播出网络对内容发展的回报反哺而经营惨淡，造成一体化传媒改革发展的重大走形变样”。2016年春，笔者曾作为广东省政府参事室“推进传统媒体与新媒体融合发展”的课题组成员，受命对所列问题进行深度调研后在专题报告上有此一说：“有必要反省之前广电传输网络资源与传媒内容生产机构的分合得失，汲取台网分离这一改革动机与效果出现重大反差的教训，推动网台资源的一体化整合，从而反哺基层媒体，这是改革必须兼顾公平正义的应有之义。”此间诸多知名专家学者首次提到应在新的改革起点上再启新“网台合一”动议，这也给了学术界一个迅速接近一线前沿思考传媒发展新战略的机会。事实上，在台网关系的分与合上，我国主流媒体的广电领域也有如下实施战略转型的内在发展逻辑：三网融合倒逼“台网分离”——媒介生态要求媒体融合——集团化要求一体化平台——深度融合构筑新的“网台合一”。当中的变与不变，是结果导向呈现出来的结构创新，是公平可持续的创新。而且这种逻辑也顾及基层媒体大多不是独立市场竞争法人的实际状况——既有产业资源贫瘠、市场生存能力孱弱。在鲜明表达不认同抱着金饭碗却向财政找依赖这庸人态度的同时，强调做强做大才是市场经济发展的铁律，应着意寻求改革创新的榜样——“电视湘军”率先与潇影集团、网控集团“变三合一”，让新的湖南广播影视集团构成全平台、全渠道、全内容的主体；杭州华数网络，引领平台媒体化风标，跻身国级实力传媒……这表明行业所需要认识的是在改革中求新求变求生存，所应该做到的是借助主干媒体产业集团化与各省区域一张网形成扩张之机，通过媒体平台化与平台媒体化的双向通道，把握大多数基层媒体为求生存抱团取暖主动迎合的时机，在重新系统整合全国各省（区、市）一张网的基础上，构建新型网台关系，以大网络反哺与台网共进退的双赢之势，推动传媒新兴产业崛起，见证顶层设计的融合发展一体化运作必有的光明未来。

结语

“不日新者必日退”。新媒体既讲新型，也讲新兴，本身都是改革创新的产物：创新是一切媒体的生命力所在，改革是确保传媒繁荣发展的根本动力之源。传统主流媒体在规划的融合发展中，与新兴媒体竞合共存发展，为的就是竞相突破彼此沿袭的宿命，实现由异体到一体的转型与共生。中国传媒业的光明未来，就在于时代变革到来的时候，面对纷繁的是非得失，能够始终头脑清醒、立场坚定并顺势而为——成功经历转型转制而处在游刃有余和不慌不乱之中。我们期待着也在见证着！

【作者系华南理工大学新闻与传播学院原副院长、教授】

参考文献：

[1]段鹏.中国主流媒体融合创新研究[M].北京:中国传媒大学出版社,2018.

[2]谭天.媒介平台论[M].北京:中国人民大学出版社,2016.

[3]朱剑飞.当代传媒管理研究[M].北京:中国社会科学出版社,2013.

[4]胡兵,朱剑飞.区域化融合发展背景下市县媒体的生存之道[J].现代传播:中国传媒大学学报,2020(6):6.

[5]朱剑飞,胡玮.主流风范:融合发展,浴火重生——加快我国新型媒体集团建设的若干思考[J].现代传播:中国传媒大学学报,2014(11):12-19.

[6]朱剑飞,胡玮.唯改革创新者胜:再论媒体融合的发展瓶颈与路径依赖[J].现代传播:中国传

媒大学学报,2016(9):9.

[7]朱剑飞,唐鑫.改革才是最大的红利:新常态下中国广电传媒发展的生存法则[J].南方电视学刊,2016(1):5.

[8]朱剑飞,杨琦.地方实力传媒集团区域化扩张发展的战略思考[J].现代传播:中国传媒大学学报,2018(3):8.

[9]朱剑飞,杨琦.融合发展中广电台网的"分"与"合"[J].现代传播:中国传媒大学学报,2018(11):1-8.

“互联网 +”时代视频媒体的应对之策

蔡照波

横贯欧亚大陆的古丝绸之路，留给世界“和平合作、开放包容、互学互鉴、互利共赢”的精神遗产。习近平总书记准确把握新时期国际秩序深刻调整、经济全球化不断深入的大趋势，高屋建瓴提出共建“丝绸之路经济带”和“21世纪海上丝绸之路”的合作倡议，得到国际社会广泛认同。随着世界各国合作的深入，“一带一路”将有可能成为世界上跨度最长的经济大走廊。不断深化的全球化进程，也将给世界文化带来前所未有的交融。

“互联网+”已成为时下一个热门概念。视频媒体如何在“一带一路”的建设机制下注入新的内涵和活力？电视作为传统媒体产业，在多媒体融合、电视收视多终端的大背景下拥抱互联网时代，会拓展出怎样的一片新天地？与互联网思维嫁接是一种必然的趋势，然而如何在保持自身优势，在以自身生存发展为基本目标的情况下与互联网顺畅融合，是广大身处大转型时代的电视人面临的考验。

一、面临巨变的视频媒体

中国的视频媒体正面临一场史无前例的巨变。在多屏共存的大视频时代，在不同的地方不同的时间服务于相同的人群，已成了一种现实。人们的生活娱乐习惯也随着媒介生态格局的变化而受到深刻的影响。所以，从视频媒体的融合发展来说，这对传统电视与互联网行业既是一种刺激更是一种促进。

2014年第三季度的相关数据表明，全国上星频道常态新节目，首播月71城市收视水平超1%的仅占2%，84%的节目平均收视率在0.5%以下，这其中又有一半在0.1%以下。这充分说明，在社会化媒体勃然兴盛的今天，人们对资讯、娱乐的关注与获得，其渠道和需求是多元的。有公信力的传统媒体不代表就有广泛的影响力，新兴媒体正从边缘走向主流。而智能手机以及移动互联网的普及，又使“朋友圈”也成了人们密切关注的信息参照系之一。随着公众注意力的碎片化，传统电视的影响力也逐渐下滑。所以媒体的融合，既能有效推动传媒产业的发展，又能更好地掌控宣传舆论阵地。

办新媒体用的是“平等交流互动”的互联网思维，要如何冲破办传统媒体的思维惯性去办新媒体，从而促进多媒体的融合，值得思考。自我改变自我突破总是痛苦且艰难的。近几年有些报业进行全媒体集群的探索，也有不少电视台办起了新媒体，可怎么也无法与商业门户网站相比。正所谓：说起来丰满看起来骨感。是思维惯性问题，还是机制体制问题？好像都有，于是“强化互联网思维”也随之成了推动各项工作的热门词。但新浪网副总编周晓鹏曾经讲过：“其实在硅谷这样的地方，我们很少看到什么互联网思维、机制创新这样的口号，因为当搞清楚要做什么，给谁做，用户为什么需要等这些问题后，所谓的互联网思维等等，都贯穿其中了。”讲得太好了，道理就这么简单。

眼下虽然媒体的融合发展很急迫且没有可复制的模式，但巨大的前景诱人探索。任何方向的探索与努力都值得点赞，主动出击总比被动防守好，有探索总比不去探索强。

（一）互联网＋

在电视圈，“多媒体融合”“互联网思维”已经是人人知晓的熟词，几乎成了广播电视获得新的生产方式和发展模式的不二法门。

随着网络媒体的普及，多收视终端出现，特别是被公认为继报刊、广播、电视、互联网之后的“第五媒体”——手机媒体，方便快捷，受众容易接受，因此大受追捧，伴随着还出现了“手机控”等新名词。传统电视的传播能力已被众多媒体稀释。据第三届中国互联网电视产业论坛提供的数据，我国互联网终端用户目前已达到5000万，传统电视开机率从70%下降到不足30%，而互联网流量的80%是视频业务。截至2015年1月，我国网民规模已达6.32亿，全年新增7000多万，广告大幅流向商业互联网公司。据《中国互联网广告市场季度监测报告》，2014年中国互联网广告营收达到1565.3亿元，较2013年增长56.5%。传统媒体由于广告增速放缓，显得极度焦虑和业务不适。

当然，传统电视媒体在与新媒体融合发展过程中，也进行过许多的尝试。

以“实时+互动+数据”为本的各种手法在各地电视传媒相继出现：利用微博、微信与电视交叉融通，纷纷开公众号；还有弹幕的灵活应用，成为融合发展、媒体转型的捷径。一时间显得电视扩大了影响力，充满了开放性的活力。有的还将一些电视产品如新闻信息、人物专访等放置于移动端，感觉就是在做新媒体。

现实却十分残酷。

这样做也许会扩大一定的影响力，但占领不了市场，壮大不了产业，还会因同质竞争伤害到实体媒体。有专家学者指出，目前传统媒体在微信、微博上的用户看似属于自己，实质上却属于商业互联网公司。用户所产生的大数据，是媒体运营的核心利益，商业互联网公司从未开放过后台核心大数据，也不可能让其他人分享其产生的价值，商业互联网公司获得的丰厚收入与传统媒体毫无关系。

李克强总理在2015年的政府工作报告中提出制定“互联网+”行动计划。这说明互联网已纳入国家经济的顶层设计之中。新媒体的融合发展是一个开放性的概念，行业、产业间的界限正在被颠覆和瓦解。阿里已经实现了电商对传统零售业的颠覆，电商节省了场地和人力成本，方便了生活，传统的商场面临严峻的挑战。这就是“互联网+零售”。而什么是“互联网+电视”？

人们已经习惯在网络上获取信息的方式，即打开链接。是否可以把使用网络的习惯转化到电视节目内容和形式的设计上来，让电视产品的创作者拥有更加开放和灵活的设计理念，得以释放自我的创造力？时代赋予媒体行业在常态中先行先试的机遇和使命，媒体行业必须要有颠覆式的创新才能抓住机遇，必须构建跨地域跨行业的产业生态链，才能建立自己的商业模式并拥有新的盈利能力。

（二）上天与落地

营销界人士称现今这个竞争异常激烈的时代为“终端为王”的时代，谁拥有了终端，谁就主宰了市场。借用到电视领域，电视品牌的终端，就是我们的观众。终端传播必须具有一定规模的覆盖面，这是毋庸置疑的，不然品牌的魅力无法在终端释放。这就扯到了卫视节目“上天容易落地难”的话题。

从1989年西藏电视台上星到1999年的海南电视台上星，中国电视界用了整整十年完成了所有省级台都有一个频道“上天”的过程。随之“落地”问题也经历了从20世纪90年代的自然落地到对等落地、对等差额落地的不同阶段。接着由于台网分离，网络自负盈亏，原先一定程度上靠人际关系的落地模式便逐渐瓦解，市场行为成为必然，也就有了后来的2004年5月杭州网络的“拍卖”之举，使得覆盖市场变数增多，落地费加速上升。

有关数据表明，前两年省级卫视要想具有全国性传播价值，基本投入至少要一亿多元，眼下更不用说了。这对年创收三四亿元以下的卫视来说，是个不菲的支出。电视人便检讨起追求覆盖人口规模最大化和覆盖地区范围广域化的做法。而目前的竞争又几近惨烈，从2002年至2005年，全国城市晚间黄金时段收视率从55.3%下降至47.2%，与此相对应的卫视频道晚间黄金时段，总体收视也呈逐步下滑之势，十年后的今天，此景更甚。

也许应了一句“此消彼长”，虽说晚间黄金时段过度竞争的结果是最高收视率的下降，次黄金时段却催生了差异化的竞争并带动总体收视水平的提升，使得频道收视曲线扁平化的趋势明显。当然，这是另外的话题了。

覆盖与收视，特别是晚间黄金时段的收视，始终是卫视经营产业链的两个重要环节。于是人们又开始考虑卫视的定位是走全国覆盖还是区域覆盖；是靠频道的品牌带动覆盖还是靠专业发展来促覆盖；产品的展示区域越大，是否代表购买的消费者越多……由此业界出现了卫视必须理性地面对覆盖市场的呼声。如何有效地提高落地覆盖的质量，提高卫视频道在当地有线网络的入户率，成了研究的课题，引发了对卫视落地要求的重新梳理。笔者从一份资料得知，2006年山东卫视在与网络公司签订落地协议的同时，还要与之签订落地推广合同；为使电视观众便捷地收看并锁定山东卫视，在与各地网络公司签署新一轮落地协议时，山东卫视还把低端频率及无干扰的频道位置列为重要的内容。这真可谓是应时而动。

终端是品牌看得见的生命线。只有提高覆盖的传播价值，电视品牌的魅力才能在收视终端如花般绚烂地绽放。

二、数字新媒体，是拐点更是契机

眼下“数字新媒体”的提法比比皆是，这里选取简约的释义以助理解：同样的节目，走广电网的就是数字电视；走电信网络的就叫IPTV，IPTV可以回看三天以内播过的节目，还可互动；放在电脑上操作，就叫网络宽频电视，它可以不受地域限制，成为面向全球的内容提供商、发行商和服务商，面向中国数亿人的互联网用户……

数字新媒体的说法2003年才初现中国市场，2004年以来，技术、政策、市场等多重力量的催化，使其快速崛起。数字新媒体从概念到产业链的构建时间虽短，却创造了许多新的商业模式。但其内容与传统电视同质化程度较高，搞不好就会有如“早期广播老读报纸，早期电视老放电影”一样。它需要传统媒体的经验和资源，而传统媒体须在技术、内容以及商业模式上积极进取，经营者的观念、思路、手段需进一步更新，比方要从为播出而制作转变到为市场而制作。

于是我认同了一种观点：新旧媒体竞争的拐点，就是融合的契机。

（一）兼顾导向与产业，提升成本管理水平

电视节目的竞争是节目质量的竞争和收视率的竞争，同时也是成本管理的竞争。

我国电视节目具有经济属性与政治属性，即所谓的产业功能与导向功能，这种双重属性是电视行业区别于其他行业的特性。电视从业人员必须在思想上辩证认识，实践中正确处理，两者既不能相互割裂更不能相互替代，若兼顾不当，便会使“有为者左右为难，无为者左右逢源”。所以涉及产业经营的成本管理，便变得复杂起来，既有政府成本、机制成本，还有决策成本等等，如在

围绕中心、诠释政策、引导舆论、维护稳定上几乎是不计成本的……节目生产与经营创收的不完全挂钩，从某个侧面反映了“外部市场波涛汹涌，内部计划体制根深蒂固”的现象。

在成本管理上同样不能忽视的是，电视节目生产有着非同质化、非规模化、非标准化的特征，这就造成了对于具体的电视产品，从业者难免见仁见智，上下认知错位，行业缺乏公认的费用认定标准。所以电视节目的成本管理稍有不慎，便容易失去和谐的人文环境，更何况电视节目属于精神产品，是人们思想观念、社会意识、审美情趣的直接载体和物化形态。如何量化节目价值，便成为一个有待深化和突破的理论难题。

建立科学有效的电视系统成本核算方法和机制，意义重要且迫在眉睫。

（二）实力的较量，智慧的比拼

今日中国电视业界的种种举措，让人不禁发出有如乘坐摩天轮的慨叹：上去了又下来。

湖南广播影视集团于2000年成立传媒集团；2010年6月28日改革成为湖南广播电视台，“集团”变成“台”；2015年4月15日又完成转企改制，组建新的湖南广播影视集团，“台”又变回“集团”。这让以其为目标想快步跟上的电视台总有慢一步的感觉。也许有人会以为称“台”就是重视媒体管理，改“集团”就是强化市场经营，实际上无论什么时候两者都是并存的，关键看怎么做。目前在电视行业中成了热潮的“制播分离”模式也一样，分合之间，虽说有实力的较量，更是眼光的比拼。制播分离引入之初便被期望成解决广播电视存在问题的灵丹妙药，结果走了一段路之后回望，发现不少电视台的节目制作部门都开始转向做节目审查的工作，同时替外包节目推出不同的宣传方案和划定播出的时段，且多是黄金时段。好时段容易赢得好收视，便也容易证明当初决策的英明。

对二、三线卫视以及省级地面频道来说，原本体制内的能人可能就会“闲置”，或留不住而“跳出体制”，或换一种方式跟电视台合作。也难怪有人质疑“制播分离”会否造成电视频道“空心化”的风险，因为当频道只能选节目以及作为播出平台时，频道便也成了空壳一个。为了预防“空心化”，一些卫视没有选择制播分离，而是培养自己的内部团队。湖南卫视就表明：2015年不进行制播分离，选择制播合一。湖南广播影视集团董事长吕焕斌表示，湖南卫视没打算引进此制度，湖南卫视所有节目都是自制的，IP版权也全都掌握在自己手中。笔者以为，湖南台也许在“台”的顶层设计上有制播分离，但不是完全依靠社会化市场化的制播分离。

让有事业愿景的能人在体制内创业，形成体制内的“制播分离”，让“人力资本”的价值在体制内市场化，倒也是不错的主意，且不乏成功案例：央视全资子公司“央视纪录国际传媒”就成功打造了纪录片《舌尖上的中国》；安徽广播电视台的全资子公司金海豚传媒有限公司，近几年推出了《男生女生向前冲》《超级演说家》《我为歌狂》等一批较有影响的季播节目，现在的“920节目带”也全由金海豚承制。

当然，“制播分离”的初衷是让市场发挥主体作用。但目前制播分离的节目创收多是来自广告，节目的版权销售、付费下载、订阅收看等多渠道经营开拓还远远不足，对广告依赖度过高，也制约了制播分离的市场化进程。制播分离的节目评估系统和标准缺失，也造成了台内不同频道同是制播分离的节目，却不能在同一标准下进行评估。建立真正的市场标准和市场体系，还有一段路要修。

新媒体的兴起改变了传统电视媒体的生态格局。向前看，我们鼓励开拓，鼓励创新；退一步想，大凡新的举措，永远都面临经验不足的问题，假若经验可以覆盖，可能就不是真正的创新了。

三、新媒体语境下的频道设置策略

电视节目、频道的设置与编排，反映了一种战略思考。

在教科书上，在相关的研究文章里，涉及频道之争的版面编排手法中，强调了电视栏目、电视剧有不同的生命周期，在不同的阶段要选择不同的策略，诸如用“吊床”策略或是“搭帐篷”策略，用“带状”策略或是“棋盘”策略，等等。

理论归理论，实际工作中仅平衡面上的事情就很复杂，手法、策略得随机应变。不管采用何种手法策略，关键是要在做好“研究对手、研究市场、研究观众”的前提下来抉择。

成功的频道编排，必定来源于以频道为立足点与竞争对手做的一番整体上的比较；来源于对电视市场需求的准确判断；来源于频道及时应对变化的整体运作能力，即“快速反应机制”——在视频媒体竞争激烈的当下，这点尤其重要。

（一）融合传媒手段，丰富表达方式

在以受众为中心的新媒体时代，人们对服务迟滞的容忍度越来越低，而媒体的过剩，又使得观众对媒体的选择已高度多元化、随机化。在这样的收视环境和收视习惯下，传统媒体纷纷借助新媒体技术拓展微博、微信、二维码、手机APP（Application，应用程序）等传播渠道，让电视机与移动终端“第二屏”两者间有了联系的纽带，促使时间空间的维度得以拓展与延伸，如节目现场与外围可通过二维码连接，让实时传送的手机自拍影像出现在演播现场，将观众的个人意见和想法体现在节目里，在任何地方收看都可以感受到如同在演播厅一般，观众有了即时沟通、深度互动带来的快感。传媒的形式和手段随之发生了颠覆性的改变。

在日益开放和激烈的媒介竞争面前，媒体人格外重视草根意识的崛起。让观众参与节目，表达诉求，就是一个很好的不断满足受众心理、强化受众认同的过程。湖南卫视在2013年1月推出一款手机应用“呼啦”，将电视大屏和手机小屏进行对接，实现电视节目内容的实时互动；黑龙江卫视通过《大众摇播乐》，同样推出手机APP，来紧紧抓住电视媒体的传统观众；上海报业集团“澎湃新闻”利用手机APP，实现新闻问答与追踪，强化了从单方面信息输出模式向与受众互动模式的转变，被视作纸媒做互联网的一个成功范例。而最值得我们读者、观众关注的是，广东南方卫视《今日最新闻》，在2014年12月8日启用了手机APP互动方式，只要你用手机打开“啪啦啪啦”APP，拍摄《今日最新闻》正在直播的画面，马上就能接入《今日最新闻》的双屏互动“一拍即合”。观众对当天的热门话题除了投票，还可以吐槽评论、发表高见。文字评论会以“弹屏”的形式出现，视频评论则是“八秒大声说”——观众自拍的八秒视频，可以即时出现在电视屏幕上。“啪啦啪啦”这个“八秒大声说”功能，让你成为你自己的新闻发言人。以2015年1月3日的数据为例，当日投票用户数6310，拍照用户数6496，文字评论条数1808，视频评论条数812，总用户数47217，审核通过用户数40556。这一方式，有效地提升了观众的收视热情和对节目的黏着度。

这些作为，在将电视观众转化为新媒体用户的同时，还将年轻的新媒体用户拉回到电视机前，从而推动电视媒体传播方式的转型升级。在抛弃了传统电视“一亩三分地”的保守封闭的边界意识的同时，传统电视也将由此获得新生。

（二）创新驱动发展

在微博、微信、公众号盛行的时代，每个人都是传播者。人人都可以通过手机、电脑等终端自由发布信息，表达自己的看法，宣泄个人的情绪，影响大众，影响舆论。信息的传播趋向了平等、交流与沟通。说到这，我想起了一句话，叫“拉一下就是朋友，推一下就成了敌人”。说的是许多舆论监督或批评报道本身并无恶意，如果批评者的意见得到倾听与重视，在双方交流与沟通中批评者可能就成为被批评者的朋友；反之，本来温和的批评被激烈地应对，批评者也许就被推到了对立面。

在这个意义上，我深感政务微博的出现是社会的进步。政府通过网络与公众进行互动和沟通，加强交流与反馈，政府与公众之间的关系，便由政府新闻发言人的“发言”变成了平等的“对话”。

随着民主法治建设的不断推进，公众通过网络了解和参与社会大事的现象越来越普遍。所以媒体要赢得公众，需要在语态和思维层面进行重构。

宣传要变灌输为说服。说服是互动、是理解，灌输却是单向的、生硬的。

宣传面对问题时，客观更能被接受，坦诚更能赢得认同。

宣传者要善于“小骂大帮忙”。小骂是善意的批评，能引导公众理性看问题。

只有坦诚地面对和沟通，才能寻找到社会的“最大公约数”，从而形成一种建设性的正能量。

另外，我们在看到新媒体创造了前所未有的舆论环境的同时，也惊叹新媒体网络热词的流行，这些热词触及公众生活的各个方面。不管是自娱自乐地调侃生活，还是真实情感的日常表达，均在一定程度上反映了舆情，表达了民意。像前几年的“给力”等曾出现在《人民日报》上，为传统媒体所接受。“时间都去哪儿了”“失联”“萌萌哒”等网络热词可谓“网上方一瞬，热词已千里”。热词流行语并不一定与主流舆论相对立。因此如何准确评估、恰当处理网络热词流行语，也被人们认为是考验媒体及其从业人员职业素养的一个方面。

当前媒体在大力报道社会各界的“创新驱动发展”，我们媒体人也应置身其中，一起来寻求新媒体语境下新闻宣传工作的创新驱动发展。

（三）920 节目带

“920节目带”是近来电视业界的一个热门词，缘于“一剧两星”“一晚两集”政策从2015年1月1日起的正式实施，即同一部电视剧每晚黄金时段联播的卫视综合频道不得超过两家，同一部电视剧在卫视综合频道每晚黄金时段播出不得超过两集。随着原本第三集电视剧的减去，留下的问题是每晚9：20到10：00这个时间段到底播什么？面对政策调控与市场竞争，这是任何一个卫视都回避不了的问题。作为连接电视剧与大型综艺节目之间的纽带，920节目带如何顺延受众注意力，保持对收视观众的黏性呢？不同的卫视有不同的价值取向。

江苏卫视920节目带由周一、周二文化益智类的《芝麻开门》《一站到底》和周三、周四故事类的《人间真情》来构成；深圳卫视则由《决胜制高点》《军情直播间》《关键洞察力》三档时政节目再加上创业励志脱口秀《百佬会》来与10点档的《直播港澳台》对接，一周拉通；广东卫视打造高端深度栏目，周一至周四依次是《财经郎眼》《全球零距离》《社会纵横》《你会怎么做》；东方卫视的是聚焦民生类的新闻谈话节目《东方眼》；广西卫视的是健康知识科普节目《艾问·常识》……

920节目带的定位与安排，对于任何一家卫视来说都是一个新的挑战。有数据表明，新年920节目推出的第一个月，多数收视不理想，徘徊在0.5以下，这便应上了“920节目带是鸡肋”的说法。

政策的变动带来了市场的需求，从制作层面来看，倒是个利好消息。江苏卫视的《人间真情》由卫风传媒为其定制；深圳卫视的脱口秀《百佬会》由唯众传媒与其联合制作；广东卫视的《你会怎么做》由春华秋实影视公司承制；安徽卫视则由金海豚传媒全面承担920节目带的研发和生产，加大了综艺力量。

对电视台而言，有专家对“一剧两星”“一晚两集”带来的变化做了估算：一是“一剧两星”对于二、三线卫视而言，平均购剧成本会增加近50%；二是由于“一晚两集”使三集变两集，原先的两大广告时段缩为一个广告时段，硬广告砍掉一半，而这将导致冠名广告和其他特殊广告资源的价格提升50%以上。当然，这是节目交流中心和广告经营部门要思考和面对的。

也许，利用好920节目带，在体现“编排也是生产力”这句话内涵的同时，我们能够看到频道卡位得力、迅速崛起的奇迹。

四、文化与公益

近日翻阅杂志，见有一则文字如是描述：“《人民日报》海外版以《浙江卫视讲<中华好故事>》为题，面向海外读者介绍培育和践行社会主义核心价值观的实践做法。”文字虽短，却让我在意。原来说的是2015年1月浙江卫视推出《中华好故事》第二季这一系列节目的事。本以为浙江卫视只有“好声音”，没想到2014年8月晚间黄金档推出的这一原创文化节目，通过三百个中华好故事，展现五千年璀璨文明史，以“爱国励志”为主题，在将公益性与服务性相统一的前提下，让许多青年学子在专门基金的帮助下实现了公益梦想。好有文化的励志公益节目！难怪有网友说：“既能听好声音，又能了解中华文化，真心赞一个。”

无独有偶，对安徽卫视同样旨在培育和践行社会主义核心价值观的国内首档明星公益益智节目《全星全益》，《人民日报》海外版也有评论：“节目中不折不扣的正能量不禁让众多将公益和主流价值视为收视禁区的电视人感到惊奇，它在并非最热门的周四档，却取得了不俗的收视成绩。”这档《全星全益》是引进英国版权的节目，虽非原创，但通过本土化的改造，把“大明星”帮助“小人物”实现梦想的模式搬上挑战的舞台，每一个明星的肩上都承载着重重的责任，每一次努力都牵动着现场和电视机前观众的心。正如这档节目的制片人吴聪所介绍的，明星答题的每一次对错都对应着高额的公益基金，如果出现负分，明星要自掏腰包补齐。明星嘉宾通过自己的努力，能为自己帮扶的草根英雄赢得实现梦想的机会，那是多么美的享受！

以上两档节目均被评为2014年全国年度优秀节目。这就再一次印证了不管节目模式是原创还是引进的，不管是通过明星还是借助文化，最终实现公益梦想引人向上的节目，都是最能引起大多数人情感共鸣的好节目。这类节目的成功并非闭门造车，更非无源之水，是得益于厚重的文化底蕴和公益情结。

文化是一个民族赖以生存和发展的灵魂。在文化产业化进程中，虽然追逐经济效益的最大化对于电视媒体来说是必须的，但媒体对文化传承的社会责任和公益情怀还是丢不得的。

（一）新媒体时代的电视民生新闻

电视民生新闻，走过了十几年的发展历程。从最初家长里短的“小民生”，到诠释“国计”、服务百姓的“大民生”的转变，这是社会进步的体现，也是媒体人努力的结果。然而，随着网络新媒体的发展，电视民生新闻出现了许多新的挑战和发展瓶颈。

新媒体时代，百姓通过简便的传播工具就可以拥有属于自己的传播平台，随时随地既提供信息，也分享信息。传统媒体的主角地位明显受到了挑战。因此，传统媒体走多媒体融合之路，将电视内容的传播路径扩展到网站、微博、微信等，内容传播渠道增多了，信息获取的人群也增多了，但原本就有限的电视收视人群，可能就因多样化的收视选择而分流了。如何强化具有产业属性的电视业的发展？强势媒体如湖南卫视，发展自己的全媒体，资源不外流；而弱势媒体，却要借助外力，纷纷把自己做好的节目播后甚至播前就发往优酷、爱奇艺等其他网络媒体，以期收到更好的传播效果，当然同时也在减少着自己传统电视的市场份额。这便是新媒体时代的“马太效应”。

新媒体的发展，使得对新闻事件的播报，电视媒体的速度已远不及网络新媒体，且在传播的“量”上新媒体也占有压倒性优势。但挑战与机遇并行。新媒体海量信息的涌入，特别是民生新闻，缺乏一定的审核，真实性让人打上问号。据中国新媒体发展报告统计，微博上近三分之一的信息是谣言或毫无根据的传言。在网络谣言出现、是非混淆之时，正是传统媒体不能缺位的时候。人们要通过传统媒体核对信息是否是真的。在这样的背景下，传统媒体在“信”上优势凸显，它的可信性让电视从业人员情绪高涨，回归新闻本源的呼声也跟着高涨。有趣的是，面对网络新媒体的虚假信息和谣言，北京电视台新闻栏目《特别关注》与北京市互联网办公室合作，联合首都互联网协会，千龙网、腾讯、搜狐、新浪加盟，共同搭建辟谣平台，推出“一辨真伪”专栏。当网络谣言出现，记者即刻调查采访，借助专家、权威机构的论证，通过真实信息以正视听。这可谓是网络新媒体借助电视传统媒体“打假”。

其实，最为接近新闻真实的报道方式是现场报道，它是新媒体时代电视新闻提高信息可信度，回归新闻本源的重要手段。因此，第一时间到达现场，第一时间进行报道，第一时间播出报道，成了新媒体时代电视民生新闻的不二之选，也呼唤着现场报道和直播的常态化。

在电视民生新闻面对新媒体的快速传播时，从业者除了呼唤直播常态化，也在思考着把信息传播的平台转为观点、评论的平台，追求的是报道的深度性，是对报道事件的深度解读和整体把控。或许，这也是海量快速传播的新媒体所不及的。

（二）也说《开讲啦》

在国学盛行的这些年，弘扬传统文化成了新时期公共文化服务体系中的重要元素。电视人也在积极探索在略显浮躁的社会心态中，如何面对泛娱乐化的媒体价值取向，寻求可以延续文化传承和传播主流思想的节目模式，来对“娱乐至上”做出别样的回应。

央视综合频道与唯众传媒联合制作的《开讲啦》从2012年8月27日开播至今，得到了广泛持续的关注，尤其吸引年轻人。作为一档人文类青年教育栏目，《开讲啦》的成功探索，我以为主要得益于“交流”与“互动”。

不同播出季、不同档期邀请到的名人嘉宾，都堪称重量级人物且涵盖多个领域：刘德华、李昌钰、李连杰、俞敏洪、汪涵、易中天、姚明、谭盾、王刚、董明珠、李雪健、阎肃……这些名人嘉宾作为成功人士，是如何从平凡走到今天的成就的？他们的人生经历和思考，传递出来的是正能量的人生价值观，他们的坦诚倾诉，令听者动容。为何请了这些人就有那么多的年轻观众呢？其一是缘于节目制作方通过线上线下的“你想听谁讲，我就请谁来”的调查活动，从中倾听年轻人的诉求，连“演讲主题”和“互动话题”也是这样征集的。这是制作方、年轻观众与名人嘉宾三方的首次交流互动。其二是在节目现场，一改《百家讲坛》式的专家学者单向灌输，在名人嘉宾开讲一段落之后，现场年轻观众可与之交流互动，或请教，或质疑，或探讨……在这里，没有权威，只有分享，这便使得双方瞬间激情迸发。再者，在名人嘉宾现场与年轻人互动的同时，节目设置了另外邀请多位嘉宾参与线上互动的环节，把一场与年轻人的心灵对话演变成一场在互联网社区与网友的交流互动。

实际上这就是一种互联网思维，也是文化教育类节目《开讲啦》能从《爸爸去哪儿》《非诚勿扰》等一批享有相当口碑的娱乐真人秀栏目中脱颖而出的原因。这是一档发乎精神需求的栏目，让我们看到了今日电视人的追求和作为。

（三）《百家讲坛》与文化热

前几年，电视圈里议论最多、点击率较高的莫过于央视科教频道的《百家讲坛》。阎崇年、马瑞芳、易中天、于丹等这些昔日只在象牙塔内、专业圈子里享有名气的专家学者，一上“讲坛”便也走近了寻常百姓，享誉市井，一夜之间“走红”。创办于2001年的《百家讲坛》也随之从默默无闻、孤芳自赏中迅速崛起，收视一路飙升。观众开始发现原本娱乐大众的电视媒体，也可以办得有文化；电视人也找到了打造“大众的学术演讲明星”的窍门；学者们更是恍然大悟：原来学术可以这么讲。于是便有人评曰：“《百家讲坛》，坛坛都是好酒。”这句评语便成了该栏目的制作理念。

流行曲里唱着“不经历风雨怎么见彩虹，没有人能随随便便成功”，俗语也讲“没有无缘无故的爱，也没有无缘无故的恨”。《百家讲坛》的走红，红在哪？固然有电视人的诸多努力，如寻找重量级的演讲者——探索名人效应；又如强化演讲中“悬念”的融入——增强对命运、事件的关注度，具有隐性的互动。至于丰富的影像表达、技术手段的调动，那是任何节目都应该追求的“例牌”。

不容忽视的是，在电视产业化的推进当中，面向市场，收视率成了人们不能忽略、不得不重视的数字。一大批文化栏目，近年陆续倒在收视率的棍棒之下：湖南电视台的《爱晚书亭》、凤凰卫视的《开卷有益》、央视的《读书时间》……而《百家讲坛》能走出困境，我认为主要是迎合了市场，迎合了百姓：借助当下热播的古装影视剧，引起人们对历史事件和经典名著的热衷，使得百姓不再满足于戏说，而是想知道历史的真实；借助于目前构建和谐社会、和谐文化的进程，探讨人们对“中庸之道”等如何解读。总之，在社会转型期，在让中国走向世界，让世界了解中国的当下，人们对中华历史文化会越来越感兴趣。电视制作者便主动选择了适时的题材，如阎崇年的《清十二帝疑案》、刘心武的《揭秘〈红楼梦〉》、易中天的《汉代风云人物系列》、于丹的《〈论语〉心得》等等。从中我们可以感受到电视人的积极探索，同时也感受到收视率这一棍棒的隐性作用，因为它已内化为电视制作人的自觉要求。

有人指出，如果把这些选题与荧屏热播的清宫戏、唐宫戏联系起来，确实两相得益，但下一步如何拓展呢？是否由于选题的过于狭窄而短命呢？这也不无道理，但愿只是杞人忧天。

时代、社会发展太快了！20世纪90年代电视台兴舆论监督节目，近些年取而代之火爆起来的是无节制的娱乐节目。目前日渐红火的文化类节目，也许就是人们议论的对过度娱乐化的拨乱反正。每个时代都有它的烙印，只要追求过、火爆过，也就无愧了。

文化类节目，需要睿智和博识，需要灵气和内涵，更需要思想的交流、智慧的碰撞。它能营造一种情调、一种氛围、一种状态；它在带给受众知识积淀和精神休闲时，更能让人们在精神和心灵上获得真正的艺术愉悦。这不是浅薄的娱乐满足，而是一种更高层面上的精神享受。

当人们还在探讨此类节目也许多数美誉度高而收视率低的时候，新一轮文化节目竞争的浪潮已确确实实到来了。

【作者时任广东广播电视台副台长、高级编辑】

媒体如何经营好短视频

谭　天
潘彩云

近年来，随着短视频平台发展壮大，短视频已成为新的流量入口。据酷鹅用户研究院《短视频用户洞察报告》显示，2019年短视频持续保持高增长态势，独立用户数达6.4亿，短视频网民使用率78%。在巨大的流量背后自然隐藏着无限商机，蕴含较高的商业价值，然而短视频变现并不容易。本文着重探讨媒体短视频经营。

一、短视频主要运营模式

短视频经营按平台、媒体和自媒体三大运营主体来划分，有相应的三种运营模式：

（一）平台运营模式

这里说的平台是指短视频平台，也是互联网平台。抖音和快手是目前两大短视频平台，它们几乎主导了整个中国短视频产业。平台运营主要是根据平台自身的属性，以满足广告主的要求来进行推广营销的一种短视频经营模式。短视频平台上的内容主要是由用户生产，即UGC，平台通过扶持计划、新鲜玩法等形式来吸引用户入驻使用，当平台上的流量达到一定规模时，流量就会成为平台变现的资本。

其实这种UGC模式在长视频时代就有，如优酷、土豆，但为什么它们都亏损了，而抖音、快手这类短视频平台却能赚得盆满钵满？这就是以推荐算法为驱动的内容聚合平台的力量，加上短视频“短、平、快”消费模式和内容分享的社交功能，使短视频在平台的驱动下迅速掀起一场“全民狂欢”。而成熟的商业模式和雄厚的资本实力也在助推平台实现可持续发展。

平台补贴和品牌广告是现今我国短视频平台最为普遍的盈利或是说商业变现方式。其他方式还包括广告+电商、知识付费、定制内容、衍生品、粉丝打赏、内容合作、签约付费等。可以说，短视频的商业模式十分丰富多元，加上强大的产品研发能力和各种不同的玩法，令短视频平台左右逢源，不断创下营收新高。平台运营就是数字营销，短视频平台实际上是一个基于大数据且能充分响应客户需求的营销平台。

除了像抖音、快手这类专做短视频的平台外，其他互联网平台也纷纷嵌入短视频并把它作为重要产品来力推，如腾讯微视。在这些互联网平台里，短视频不一定能直接变现，更多是作为引流的工具。

（二）媒体运营模式

这里说的媒体是指传统主流媒体，媒体运营模式主要是媒体内部的专业人员来生产内容，也有一些媒体搭建或加入MCN，借助短视频矩阵来生产内容，再通过媒体本身的传播渠道或借助抖音、快手等短视频平台来进行传播。目前媒体做的短视频内容主要还是新闻，短视频制作还是以PGC（专业生产内容）为主，因此无论在产量上，还是在渠道上，都无法与平台运营比拟。目前媒体做短视频还处于试水阶段，由于规模经营上不去，流量有限且不稳定，媒体的目标主要还是做影响力，加上新闻很难直接变现，因此还没有形成真正的商业模式。

（三）自媒体运营模式

短视频自媒体包括两类：一类是短视频公司，如二更、梨视频等；一类是网红。前者独立运营，后者往往与平台或公司签约。短视频公司利用签约的形式加强和网红的合作，进而帮助其推广和运营以及商业化运作，公司往往采用矩阵式的操作，即MCN，帮助短视频的创作人员从根本上解决好流量以及变现的问题。短视频盈利模式主要有三种方式：第一，短视频中植入原生广告；第二，将流量引流至电商；第三，网红IP变现，俗称“网红带货”。

相比平台成熟且丰富的商业模式，短视频企业的运营较为艰难，以梨视频为例，它主要盈利方式有广告、版权变现、商业融资。与平台相比，它维持高流量并非易事。融资也并未长久之道。梨视频与其他短视频的共同难题是版权变现。目前我国短视频版权保护还做得不够好，也影响了版权交易和变现。

二、媒体短视频经营难题

下面我们集中讨论媒体经营短视频所面临的问题，当然传统媒体尤其是广电媒体做短视频也有一定的优势。

（一）拥有公信力的专业生产

传统主流媒体具有公信力和权威性，由此获得大量社会资源，产生广泛的社会影响力，因此，媒体能够把自身的公信力和权威性作为短视频经营的优势，为其经营短视频提供更具社会意义的内容。如新华社的现场云在抖音上发布的《六安辅警脱掉警服护卫受伤小女孩》的视频，是现场云凭借其媒体的公信力和权威性，用从警方拿到的独家视频来制作的。

或许有人认为媒体社会资源丰富，制作水平更为专业是一大优势。但问题也要两面看，一是社会资源能否转化为经济资本，也就是说如何变现。二是需要重新认识专业性，能做好长视频不一定能做好短视频，二者有不同的美学规律和用户喜好，传统电视人不一定能拍好短视频，或许内容不错，但形式不够新，没有自媒体玩得那么得心应手，玩转短视频还需要互联网思维。

（二）缺少强大的内容分发平台

媒体短视频的传播主要靠自身的传播渠道，如自建网站或客户端，也有一些媒体借助抖音、快手等短视频平台进行传播，如央视《新闻联播》入驻快手。但总的来说，媒体短视频传播渠道比较单一，缺少像互联网企业那样强大的内容分发平台。媒体短视频传播信息可以，但是要经营好就有一定的困难，毕竟是在别人的地盘上刨食。此外，媒体在建立用户关系上比平台弱许多。平台可以在三个维度发力，即C端（面对消费者）、B端（面对企业）和G端（面对政府），而媒体的优势只有G端。

（三）缺少规模经营的内容生产

媒体短视频生产主要是PGC，且不说做得好不好，产量上远远无法与平台上UGC匹敌。况且，如果没有一个专业的运营部门和庞大的内容生产队伍，短视频产能上不去，也就无法保持持续稳定的内容生产，而缺少规模经营的短视频很难产生足以支持经营的流量和窗口。笔者认为媒体只做PGC不一定行，而且传统媒体人不一定能做好短视频，因此与UGC合作和做PUGC（专业用户生产内容）是很好的补充。

（四）体制、机制和观念的制约

短视频经营需要一个市场化、产业化的制度安排，作为事业单位企业管理的传统主流媒体能否有这样的运营机制是一个问题。而在短视频生产、传播和经营各环节中，媒体人的观念和意识是否跟得上也是一个很重要的问题。对于一度在业界引起热议的“党媒回归财政”，央视CTR（央视市场研究股份有限公司）总经理徐立军毫不客气地指出：“这是一条死路，既没有出息，也是不切实际的幻想。没有读者的报纸、没有观众的电视，广告商肯定不会买账，又凭什么让党和政府买单呢？又如何去完成宣传任务呢？”毫无疑问，媒体短视频也应该具有造血功能。

综上所述，传统主流媒体短视频的现状可归纳为“一长三短”，一位媒体老总指出，媒体做短视频，目前确实是叫好不叫座，甚至内部也不一定叫好。原因是人改变传统思维太难了，阻碍一家媒体进步的最大的原因恰恰是曾经的成功经验！传统媒体经营思路走不通，好多人理解不了流量经济、粉丝经济、注意力经济的内涵和实质。笔者认为媒体做短视频要解决三个问题：一是创意，二是产能，三是收益。这三个问题之间是相互关联的，前两个问题影响最后一个问题，反过来最后一个问题经营不好也会影响前面两个。如不解决就会形成恶性循环，短视频发展要么不死不活沦为鸡肋，要么在财政输血之后昙花一现。

三、媒体短视频经营破题

当今互联网，短视频已成为仅次于即时通讯软件的第二大产品类型。传统媒体加快转型要从媒体融合入手，而融合创新要从短视频破题开始。

（一）构建自有媒介平台

我们知道当下短视频运营是平台为王，那么，传统主流媒体能否搭建自己的平台呢？有实力的媒体是可以尝试的，例如央媒，事实上人民日报已经上线人民视频，《新闻联播》上线快手号、抖音号，媒体融合已经进入“你是我，我是你”的深度融合阶段。传统主流媒体做短视频也有一大优势，就是它不会受互联网平台割据的壁垒影响，如抖音就无法利用微信的链接，但人民视频可以畅通无阻。当今互联网，平台即生态，媒体要打造平台不要单打独斗，要争取与互联网巨头合作，借助BAT（百度、阿里巴巴、腾讯）的互联网生态给短视频运营加力。与此同时，做平台不同于做媒体，不能只做产能有限的PGC，要利用平台的辐射力组织UGC和PUGC的内容生产，只有这样才能满足平台海量内容的需求。

（二）搭建 MCN 运营矩阵

绝大多数实力有限的地方媒体是无法搭建需要大量资源的运营平台的，那么唯一的办法只有“抱团取暖”，而目前矩阵化的MCN恐怕是最好的选择，MCN的价值在于把存在诸多不稳定因素的短视频市场形成集成化效应，进行规模化运作。MCN是舶来品，是一种多频道网络的产品形态，它将PGC内容联合起来，在资本的有力支持下，保障内容的持续输出，从而最终实现商业的稳定变现。但我国MCN运营模式还不太成熟，而短视频行业需要的是具备专业性和系统性运营能力、资本和资源实力共存的MCN机构。有媒体人认为，互联网媒体的分发效率很高，与电视台的生产效率之间有一个比较大的落差，还有大量的内容素材荒废在田里。所以，省级电视台新媒体中心应该运用好牌照、互联网运营基础和相对的团队优势，以及对平台政策和需求的熟悉，发现和培育PUGC和有红人潜质的人，实现专业运营和海量区域创作者之间的结合。对于媒体短视频来说，内容集成与内容分发都同样重要。目前湖南广播电视台娱乐频道已经开始布局MCN，但还须花大力气建立和完善运营体系，找到合适自己的商业模式。

（三）开创多元服务蓝海

目前平台和自媒体做的短视频很商业化，内容集中在娱乐和生活方面，这已成为各家拼杀争夺的红海。这就给媒体短视频留下一片蓝海，教育、科技等内容需求也是存在的，只是公共利益高于商业利益，这正是以公共服务为己任的传统主流媒体所擅长的。媒体可与政府及相关社会机构合作开发这片蓝海，一方面深耕细分领域开创多元服务，另一方面创新服务形式和商业模式，大众产品可采用免费模式，高端服务可采用付费模式。随着短视频行业加强版权保护力度，知识付费或许会成为一个风口。

（四）在融合创新中发力

在现行的媒体体制下，以上各种招数都不太容易成功，哪一种都面临着太多的考验和阻力，只有下定决心，深化改革、深度融合、大胆创新才有可能杀出一条血路。一方面我们要摈弃传统媒体思维，另一方面也不能完全照搬商业媒体模式。提供符合社会主义核心价值观且接地气的优质短视频产品是媒体短视频的出发点也是落脚点。这是一场基于大数据和智能化的新内容革命，在这个过程中我们要打造各种关系链和产业链：短视频+直播、短视频+电商、短视频+音乐、短视频+资讯、短视频+社交、短视频+政务等，“短视频+”模式全面铺开，“八仙过海，各显神通”。在技术操作层面，短视频运用要更加注重用户、场景和爆点。

短视频运营的破题方略可以归纳为三大要义：“一体两翼”、取长补短和扬长避短。而整合资源、创新创优、主动出击则是媒体制胜的三大法宝。传统媒体做短视频是一项艰巨的系统工程，但这是媒体转型的必经之路，它把媒体运营从粗放型推向集约化、智能化。传统主流媒体可以而且必须成为短视频的一支新生军和主力军。

1.“一体两翼”，整合资源

从战略布局来说，媒体短视频发展应坚持“一体两翼”，内容与创意为一体，集成和分发为两翼。我们不仅要做好内容生产，还要做到内容集成。过去，电视台有“开门办电视”的优良传统，如今媒体为什么不能开门做短视频呢？把自己当作自产自销的小作坊？还是做一个海纳百川、连接一切的平台？这是检验媒体短视频运营思路的分水岭。诚然，PGC产能有限，保证不了足够的流量，流量不足则难以经营。因此必须坚持“两条腿”走路，PUGC是

UGC+PGC相结合的内容生产模式，既有量又有质，是媒体短视频生产模式的最佳选择。内容分发与内容生产同样重要，有专家保守估计目前全国MCN机构有6000家，以后还会涌现更多。“连接一切”，媒体短视频要通过深度融合整合更多的制作资源、用户资源和媒介资源。

2. 取长补短，创新创优

由于传统媒体的思维惯性，媒体短视频许多优势没有得到发挥。因此，媒体短视频要取长补短，积极向平台和自媒体学习，如平台的算法和分发、自媒体的灵活多变、新技术新服务新玩法。短视频的美学特征和用户行为要更好地掌握，紧紧抓住互联网发展的每一个风口，不擅长的可以采用合作共赢的方式来解决，要做到集百家之所长，汇天下之精华。没有创新就没有出路，只有创新也会迷路。主流媒体短视频还要肩负其社会责任，创新更要创优，叫好也要叫座。我们要相信，有了用户的正能量传播一定是会有市场的。

3. 扬长避短，主动出击

媒体短视频主要有两大类，新闻和非新闻，前者是媒体的强项，后者媒体也可以发力。公益、扶贫、教育等是主流媒体的传播优势，同时也承载着主流媒体的责任和使命。“短视频+农业”是广阔天地，大有可为，媒体短视频也要打造自己的网红、品牌和IP。传统主流媒体要发挥其政策优势、话语优势和资源优势，及时抢占短视频发展制高点，同时迅速形成协同创新的集群效应。此外，广电媒体还拥有庞大的视频资料库，做好媒资管理和版权交易，可以实现内容二次创作和多重价值开发。

四、运营的盲点和误区

毫无疑问，媒体短视频运营一要突破创新的盲点，二要力求避开运营的误区。中国传媒大学王晓红教授认为：“未来短视频生产能否把握又如何更好契合视频消费对象和消费情境的需求，可能成为行业创新突破需要思考的问题。”内容生产与消费需求的匹配恐怕是短视频运营的盲点，也是创新最需要突破的地方。为此，王晓红提出激活短视频创新的核动力，她把它概括为“双5E”：第一个“5E”是时空维度上的描述。Everyone（每人），Everyday（每天），Everywhere（每处），Every moment（每时），Every group（每个群体），人人可为，随处可见，随时可见，这是革命性的变革。第二个“5E”是功能维度上的描述。Engagement（参与），Experience（日常经验），Emotion（情感），Envision（想象），Enlightenment（启迪）。这样一来，短视频就打通了现实空间和网络空间，在呈现生活方式、服务生活需求、表达生活观念的深度、广度与速度上，远胜以往。

现在不少广电媒体知名主持人在抖音上成了网红，还进行“网红带货”，这些网红涉猎的内容也很多样：美妆时尚、母婴、创意搞笑、健身……不一而足。他们以地方台主持人为主，多来自湖南、四川、浙江等地的广电传媒集团。内容更加垂直细分，有专业团队包装运营，多为时尚美妆、母婴育儿、健身、房地产等，较容易商业变现，如湖南卫视知名主持人张丹丹的育儿内容短视频。数据显示，“张丹丹的育儿经”首个带货视频，在48小时内成交量55万元。

2019年8月，央视《新闻联播》开通了快手号和抖音号，新闻主播李梓萌和康辉也都成了“网红”。在网红经济中，媒体界面人物（节目主持人、新闻主播、出镜记者）都可以成为网红，还可以带货。问题是非新闻的节目主持人能带货，新闻主播和知名记者也能吗？我们不妨分析一下，媒体网红带货是一种身体传播和网络营销行为，能不能带货和带什么货由其身份和媒体属性所决定。出镜记者没有稳定的流量就不用说了，新闻主播“带货”更要慎重考虑。比如《新闻联播》主播，和人们一般所认知的“网红”不一样，一方面其依靠自身权威性和公信力具有一般网红不可比拟的带货优势，另一方面带货带来的商业利益与新闻报道客观公正原则会产生冲突。我们再来分析所带的“货”是什么样的产品，如果是一般商品则会消解社会公器的作用，如果是公益产品则可以考虑，比如扶贫产品和公益项目的产品。用新闻的力量去帮助需要帮助的人恐怕比单纯带货好太多了。总之，新闻网红带货要慎之又慎，要平衡好公众利益与商业利益，切忌让主流媒体短视频运营走进误区，掉进陷阱。

短视频变现有两种，一种是直接变现，一种是间接变现。在此要强调的是，主流媒体做短视频运营要有一个明确而清晰的产品定位，是做内容产品还是服务产品，抑或是关系产品，以及做哪一种产品更能体现价值取向并实现利益最大化。

当今短视频已经成为建构互联网的力量，成为互联网生态中不可或缺的内容。有专家预言，现在账号主体还只是“小哥哥”“小姐姐”，接下来媒体号、政务号和机构号、企业号将会井喷式爆发。两超（抖音、快手）多强的格局只是一个开始。短视频能否成为媒体融合、产业升级、社会和谐的黏合剂是决定它能走多远的关键因素。短视频并不“短”，媒体短视频的创新发展正可以填补传统媒体之“短”，扬新型媒体引导舆论影响社会之长。

【作者谭天系暨南大学新闻与传播学院教授，
潘彩云系广西艺术学院影视与传媒学院硕士研究生】

参考文献：

[1]赵娜,谭天.中国短视频未来发展趋势和影响因素分析[J].视听界,2019(4):5.

[2]王晓红.以抖音为代表的短视频,究竟给社会活动和社会创新带来了什么?[EB/OL].(2019-08-27).https://mp.weixin.qq.com/s/AHjh_gWiCa-mDcYZM0RFrA.

[3]杨哲.徐立军:已到"动本体、改存量"关口,媒体融合需要真改革![EB/OL].(2019-08-14).https://mp.weixin.qq.com/s/06LDKbRAsoeM4QeqXmjGcQ.

广播电视媒体融合的确定性路径与空间

谢江林

“媒体融合”的说法自2000年见诸报端，较为系统的研究起始于2006 年，其后热度递增，如今成为学界研究和媒体运作的主题。党的十八大以来，习近平总书记多次谈到媒体融合。2019年春节前夕，中共中央政治局更是把“课堂”设在媒体融合发展的实践一线——人民日报社，就全媒体时代和媒体融合发展举行集体学习。国家层面的高度重视、学界的持续研究，一方面说明了媒体融合的重要意义，另一方面也折射了媒体融合有多“难”。本文以广播电视媒体为例，对媒体融合实践中“确定性”的部分试作梳理，以期化繁就简，厘清媒体融合的一些基本问题。经过多年研究探索，媒体融合的方法路径已基本明确。融合之路该怎么走，媒体其实没有多少可选择的空间。

一、融合目的：内容的价值实现

现实中，目的和手段往往容易混淆，盖因人们对目的的理解不够深挖，没有挖到“根”。学者吴飞认为，新闻的“根”是民主，可理解为：消除信息沟通的不对称、不均等，让人们能够自主地生活。信息产生于客观事物状态的变化，人们需要信息，以消除外部世界不确定性带来的紧张感。“民主论”或许很接近“媒体的目的”的本质了，但在实践中缺乏可操作性，因此，或可换一个更接地气的说法。

本文认为，媒体存在的目的在于传播内容，实现沟通、服务、娱乐等方面的社会功能，并换取经济效益，即内容的价值实现（包括社会价值和经济价值）。至于采用什么传播技术，是新媒体还是传统媒体，或采取什么样的思维（机制），是“+互联网”还是“互联网+”，都是手段，不是目的。从受众角度看，技术手段封装在终端设备里，用户按场景选设备——手机、电脑或电视，打开设备看内容，注重方便和好看，而不在意背后的技术。

媒体的使命决定了媒体融合的使命。媒体融合的目的在于，在多种媒体上实现内容的价值，特别是在新兴媒体上实现内容的价值。媒体的一切运作不应忘了内容这一根本和初衷。当前，关于媒体融合的研究和实践，大多聚焦于技术、渠道或机制等等，而不够注重内容。新媒体产品运作效果不佳，往往归咎于技术差距、资本差距、理念差距，而少有从内容上找原因。在质疑“电视+互联网”是一种浅层次、理念落后的媒体融合同时，或许还应思考：电视观众与互联网用户对内容的偏好差距真的有那么大？会不会是我们连电视的内容都做得不够好？

本文认为，内容是媒体融合的核心和前提，内容创新不应滞后于技术创新，目的不能落后于手段。湖南卫视独播战略之所以成就了芒果TV，是因为内容先行于技术，如果电视内容做得好，放到互联网上仍然有人看。

二、融合手段：从“端”到平台

内容的价值实现取决于两个方面：一是生产，内容本身要有价值；二是分发，让用户看到。推进媒体融合，要区分“端的建设”和“平台建设”。单纯打造新媒体，忽视与传统媒介的关联、对传统业务的带动，是“端”的建设——仅仅多了一个内容分发的出口，只是“+互联网”。只有打造“平台”，在“端”和内容之间建立智能关联，以技术创新带动内容生产机制革新，实现内容生产与分发两个方面的质效提升，才是真正的媒体融合。

我国广播电视媒体近些年“+互联网”的实践至少解决了“端”的布局——网站、网台APP、垂直领域APP、微信、微博……分发手段一样都不少，部分省级台还掌握IPTV牌照，具备了大屏互动的条件。学者宋建武指出，“媒体融合始于数字化，主要表现为终端和渠道的融合，终于数据化、智能化，主要体现在业务融合”。网“端”分发意味着数字化的问题已经解决了，下一步要引入数据化、智能化，要打造自主可控平台，建立从“端”到内容生产环节的反向支撑机制：从各个“端”收集用户行为数据，识别用户需求，进而指导内容生产和按需分发。目前，央视网、新华社、人民日报等国家级媒体都在积极构建自己的大数据中心，完善平台功能。

从“多端布局”到“平台建设”，这是广电推进媒体融合的确定性路径。在省级媒体中，湖南卫视芒果TV便经历了从“端”到“平台”的演进：第一步，在“独播”初期，实施“全端加速度”策略，芒果TV网站、芒果互联网电视、“芒果TV”APP、手机电视等多“端”推进，依托湖南卫视强势内容，快速积累用户；第二步，实施“一云多屏”立体化传播战略，建立基于大数据的“云中心”，实现多端内容的数字化编目、索引、转码、存储、二次加工和智能分发，以及内容消费行为的大数据收集和智能分析。湖南卫视注入内容，芒果TV以技术反哺，相互促进，两者的互动更趋良性。

媒体融合没有固定模式，建设“端”与建设“平台”也没有必然冲突。“端”做大了，也就成了“平台”。基于一“端”的底层技术，整合广电资源，打造互融共进的平台，实现以点带面，也是一种媒体融合的思路。总之，媒体融合必然涉及传统媒体和新媒体两种媒介、多端业务，必须找到一套融合新旧媒体的解决方案，而不是在传统媒体之外另立门户。

三、平台拓展：“四级办平台”背景下的局限和机会

我国“四级办台”的行业规制一定程度上限制了媒体做大。各级广电划地而治，市场主体多，发展空间受限，相互不能归并整合，规模经济难以凸显。到了互联网时代，“四级办台”过渡到“四级办平台”，相似的行业规制同样对“平台”的发展构成限制。虽然互联网传播无远弗届，但媒体的新闻采编业务仍受到行政区划限制，导致其新媒体产品和服务难以吸引“城外”用户。各级融媒体平台仍无法实现跨区域整合，每个平台即便都能全网传播，也难以“长大”，与经过优胜劣汰、整合重组以后的市场化网络平台相比，无论规模，还是效率，都不可同日而语。受行业规制、自身条件、外部竞争等因素影响，各级广电融媒体平台建成之后的发展方向和空间存在一定确定性的预期。

（一）央视拥有较大的自由度

国家级媒体央视在媒体融合方面起步较早：1996年创办央视国际网站（CCTV.com）；2006年合并央视国际和央视网络电视台，试图打造统一平台；2009年中国网络电视台开播，倡导“参与式电视体验”。央视对前沿技术跟得比较紧，较早地完成了“一云多屏”传播体系建设，技术实力在传统媒体中处于领先地位。央视坐拥得天独厚的新闻资源，为新媒体产品提供了绝佳的

引流入口。其全媒体核心产品“央视新闻”作为权威资讯、新形态内容、新语态实践、前沿技术运用的展示平台，成为全网综合性新闻资讯平台的标杆，即便面对体制外的互联网巨头，也具有较强竞争力。央视的新媒体业务受行业规制的影响较小，在强资源、大投入的支撑下，融媒体平台的功能拓展和业务选择具有较大的自由度。

（二）省级广电“上下两难”

省级广电融媒体平台的业务拓展主要有两种路径：一是主打新闻，以“北京时间”“看看新闻news”“触电新闻”等省级台融媒体产品为代表；二是以娱乐为特色，以湖南芒果TV为代表。前者要与央视、新华社、人民日报等国家级新闻资讯平台，报业系统的新媒体产品，以及今日头条、网易新闻、新浪新闻等网络新闻聚合平台展开激烈竞争，后者面临优酷、爱奇艺、腾讯等网络视频巨头的强势进逼，都在夹缝中求生存。

省级广电的新闻资源不及央视，自制内容缺乏全国性影响力，向“上”拓展遭遇天花板，缺乏可持续发展的核心资源，而省级区域市场不一定能支撑一个新闻平台；如果向“下”拓展，譬如为城市居民提供生活、政务服务，又不及城市媒体接地气，难以做到精耕细作。娱乐节目似乎不受区域市场的偏好限制，有更大的市场空间，但娱乐节目制作缺少政策支持，成本高昂、门槛太高，面临更大的市场风险。芒果TV能够跻身网络视频“四强”之列，实属不易，其经验难以复制。上下难以拓展，横向无法整合，省级广电媒体融合面临两难。打造区域或垂直领域的新闻资讯平台，适度连接相关服务和产业，成为大多数省级广电媒体的选择。

（三）城市广电面临“智慧城市”建设契机

城市广播电视台由于资源条件限制，大多没有能力建设融媒体平台，在新媒体运作上主要采取低成本策略，通过微信、微博等社交媒体平台“借船出海”，在网络上发声。近些年，从中央到地方大力推进“智慧城市”建设，《国家新型城镇化规划（2014—2020年）》将“智慧城市”建设作为推动新型城市建设的三大举措之一。由于城市电视台手握媒体资源，具有较强公信力，有助于“智慧城市”应用的推广，并且作为体制内机构，便于指导和管理，所以很多地方政府选择让城市电视台来运作“智慧城市”项目，并给予相应的财政支持，这为城市广电推进媒体融合、打造自主可控平台提供了“搭便车”的机会。“智慧城市”与融媒体平台的建设基于相同的底层技术，即以云计算、大数据、物联网等为代表的新一代信息技术。目前，苏州、无锡、宁波、合肥、清远、中山、江门等地的“智慧城市”应用已纷纷上线，并且都由城市广电主导，有的已经实现了盈利。

“本地新闻+城市服务”的业务组合，比单一新闻分发更能发挥融媒体平台的规模效应，并且符合“智慧城市”的功能定位，容易获得地方政府支持，因而成为城市广电融媒体平台功能拓展的确定性方向。

（四）县级广电借力打造一“端”

县级广电在央视和省、市级媒体的冲击下，影响力日益弱化。1999年，国家广电总局下发《关于加强广播电视有线网络建设管理意见的通知》，要求由省级电视台制作一套公共节目供所辖各县电视台播出，只保留一定时段供县级电视台播放自己制作的新闻和专题节目，此举旨在优化媒体资源配置，但令县级广电的自主性大大降低，地位进一步边缘化。2018年8月21日，习近平总书记在全国宣传思想工作会议上指出，“要扎实抓好县级融媒体中心建设，更好引导群众、服务群众”，县级媒体的功能和价值重新受到重视。

由于市场空间和资源所限，县级广电没有必要自建平台，可依托市级广电的“智慧城市”平台或省级广电的融媒体平台生成APP“端口”，解决县域融媒传播短板。目前广东、江西、浙江、湖南等省份的县级融媒体中心建设都由省级广电或报纸媒体提供统一的技术平台和服务，这种集约化的解决方案避免了各自为政所带来的重复建设、成本高昂、标准不一、安全隐患多、平台间无法融合等问题。

总体来看，各级广电融媒体平台的功能拓展和业务规划都遵循着一定的范式。融合之路该怎么走，媒体可选择的空间不大。

四、融合之外：市场化改革与效率提升

笔者曾在《广电改革：从规律到对策》一文中提出过一个问题：新媒体懂新媒体吗？事实上，21世纪以来，新媒体业态不断更迭，所有从业者都在摸着石头过河，市场化的新媒体公司并不一定清晰认识互联网传播规律，但是它们尊重市场规律，积极创新，逆境求存，不断发展壮大；相反，整个传媒学界都在为传统媒体出谋划策，传统媒体从业者未必不懂新媒体，然而在新媒体业务上往往被动应对、行动迟缓，难见成效。可见，新旧媒体的差距不在媒体形态的优劣、不在对新媒体理解的深浅，而在于运作效率。高效率源自激励。长久以来，国家所有制前提下的组织激励问题一直困扰着国有企业，如今也困扰着传统媒体。国有资产所有者缺位，导致激励缺位。管理者没有产权受损之忧，员工饭碗受体制保护；激励机制遵循“多劳多得”，而无法如企业一般做到“少劳者被淘汰”。须知“害怕失去”是比“多劳多得”更深层的激励因素：管理者害怕亏损（产权受损），才会真正激励员工，优胜劣汰；员工害怕丢饭

碗，并且付出有回报，才会拼命工作。这种企业中的常态，在事业单位性质的媒体机构中难以实现。

如何做好内容、积累技术，如何设计架构、建立制度……都不成为问题，因为国内外早有成功先例可循。改革不缺少方法，而独缺魄力——是否真的想改；是否不安于“触底”之前的好日子，主动作为；是否有魄力向不合理利益“动刀”，鼓励内部竞争。

媒体融合不一定能带来流量，流量从竞争中得来。在互联网时代，传统媒体不再垄断渠道，也就不再能确保内容的触达。不论新闻，还是娱乐，不论宣传性内容，还是迎合性内容，都要参与受众注意力的竞争，信息触达要基于受众需求的满足。尊重市场、参与竞争，是互联网经济的游戏规则，然而传统媒体长期游离于市场之外，畏惧竞争。传统媒体必须建立起外向型的生产运作机制，以内部市场化应对外部市场化，以内部竞争应对外部竞争。

广播电视业不乏改革的传统。改革开放以来，我国广播电视业遵循帕累托改进的原则持续推进改革——该坚守的决不动摇，该盘活的逐步放手——自主广告经营、“事业单位、企业化管理”、产业事业分类管理、制播分离……一系列举措可概括为三个字——市场化。如今，面对互联网冲击，改革步伐仍显滞后，企业化、市场化仍需向纵深推进。

结语

围绕内容的价值实现，建立有助于带动新旧媒体、多端业务互融共进的自主可控平台，是广电推进媒体融合的确定性路径。基于行业规制、内部资源条件和外部竞争态势，各级广电融媒体平台搭建之后的功能拓展和业务规划也有着确定性的方向和空间。融合之路往哪走，是相对明确的；而要走好、走稳，走出当前困境，需要体制机制改革来保驾护航，这一点也是确定性的。了解了哪些是确定性的，便可不再迷茫，只需奋进。

【作者系广西师范大学文学院 / 新闻与传播学院专任教师、高级编辑】

参考文献：

[1]陈力丹.传播学是什么？[M].北京:北京大学出版社,2007:10-11.

[2]朱剑飞.当代主流媒体融合发展大解码[M].广州:世界图书出版公司,2018:191-192.

[3]么咏仪,吴心悦.芒果TV 的创新之路:专访芒果TV团队[J].新闻与写作,2019(1):77-80.

[4]王晖.创新传播手段 打造舆论新平台:江西日报社以“赣鄱云”推进县级融媒体中心建设的探索与实践[J].新闻战线,2018(5):6-8.

[5]吴飞,翁一.新闻是寻“根”的事业[N].青年时报,2011-11-07.

[6]谢江林.中国广电业的帕累托改进:规制变迁、改革困境与对策建议[J].南方电视学刊,2016(1):47-50.

[7]徐冰,舒煊.从全端走向云端:芒果TV“一云多屏”的创新之路[J].新闻与写作,2016(10):19-22.

[8]杨哲.中宣部媒体融合专家组成员宋建武:不要把“借船出海”当作媒体融合的主要效果[EB/OL].(2019-02-27).https://mp.weixin.qq.com/s/cvyM2oKTHqa6wujZKGnMyg.

数字经济驱动下的广电节目融合创新与运营

李　岚

随着互联网、大数据、云计算、人工智能、区块链等技术加速创新，日益融入经济社会发展各领域全过程，数字经济日益成为新的经济增长点、增长极，成为改造提升传统产业的支点和构建现代化经济体系的重要引擎。习近平总书记在2022年第2期《求是》杂志发表重要文章《不断做强做优做大我国数字经济》，指出要充分发挥海量数据和丰富应用场景优势，促进数字技术和实体经济深度融合，赋能传统产业转型升级，催生新产业新业态新模式，不断做强做优做大我国数字经济。国家统计局印发的《数字经济及其核心产业统计分类（2021）》已经将广播、电视、影视节目制作，广播电视制播和接收设备制造，广播电视传输服务等分别纳入“数字内容与媒体”“数字媒体设备制造”“电信、广播电视和卫星传输服务”等分类。这充分体现了广电领域在数字经济及其核心产业中的重要作用。

当前我国广播电视既有着良好的基础和条件，也面临前所未有的发展压力、生存压力。数字经济催生了视听领域的新应用新业态，带来了很多新的挑战，更带来难得的发展机遇。移动互联网、VR（虚拟现实）、短视频平台直播等新兴技术改变了广播电视节目传播方式，使传统媒介与新媒体充分融合，对资源进行了有效整合，互联网新业态已经成为广电产业增长重要引擎。在数字经济的驱动下，广播电视加快推动节目融合创新，将新媒体作为媒体营销的主阵地，重构商业模式，打造全媒体IP全产业链运营，统筹MCN资源“主力军挺进主战场”，不断扩大网络效应和规模经济，实现平台营收新突破。

一、数字经济时代广电高质量发展形成新动力

广电行业高质量发展的要义，就是要在广电传统动力减弱的背景下重新培植事业产业发展新动力新优势，将传统要素驱动力转变为创新驱动力。数字经济是继农业经济、工业经济之后的主要经济形态，是以数据资源为关键要素，以现代信息网络为主要载体，以信息通信技术融合应用、全要素数字化转型为重要推动力，促进公平与效率更加统一的新经济形态。近年来，特别是新冠疫情期间，互联网和各类数字化服务领域持续发挥技术高地作用，有效拉动了各类新兴消费形式，随着广电产业边界的不断扩张，各类线上业务成为拉动广电产业增长的重要力量。

其一，广电行业抓住新经济新基建机遇，以新业态打造新引擎，以新模式形成新动力，提升拓展广播电视和网络视听服务，拉动消费、扩大内需。广电行业正在逐步改变长期倚重广告收入、盈利模式单一的弊病，从主业出发，积极拓展在现金流、抗波动等方面能贡献价值的新型业态。广播电视新兴业务收入持续增长，展现出旺盛生命力。2021年，广播电视和网络视听内容市场强劲复苏，节目制作相关服务收入大幅提升，达271.82亿元，同比增长146.59%。同

时，收入结构持续优化，新业务、新业态、新模式保持较快增长，2021年持证及备案机构网络视听收入达3594.65亿元，在广电实际创收收入中占比近四成，同比增长22.10%。除了以17.24%的幅度增长的用户付费、节目版权等服务收入外，七成以上的贡献来自短视频、电商直播等其他网络视听收入。走在前列的一些省、市、县台（集团）的新媒体智慧化业务新增量，在业务构成和营收构成中占据半壁江山。如2021年上半年湖南广播电视台（集团）新媒体营收已占总收入的60%以上，旗下芒果超媒2021年实现营业总收入153.53亿元，核心主业芒果TV互联网视频业务（广告+会员+运营商业务）实现营业收入112.61亿元，同比增长24.28%。江苏江阴市融媒体中心（集团）大数据产业2021年突破8000万元，占总收入的一半以上。

其二，广播电视不断深化与新一代信息技术融合创新，加快数字内容生产、高新视频发展、广电5G建设、智慧广电建设，促进行业转型升级。以智能化新技术为支撑的产品创新和“广电+政务服务商务”的服务创新成为广电产业创收的重要源泉。2021年广播电视机构智慧广电及融合业务收入1085.70亿元，已占到实际创收收入的一成以上，同比增长21.47%，其中广播电视机构新媒体广告收入276.71亿元，同比增长35.01%；增值业务、集客业务等有线电视融合业务收入246.97亿元；交互式网络电视（IPTV）平台分成收入161.76亿元；互联网电视（OTT）集成服务业务收入78.02亿元；广播电视机构网络视听业务收入322.24亿元，同比增长31.24%。

其三，广电视听产业基地（园区）集聚辐射效应明显，对于推进数字经济等战略性新兴产业、培育数字经济新业态、拉动就业和经济增长起到了积极的促进作用。截至2021年底，国家广电总局批复成立的28个广电视听产业基地（园区）入驻广电视听各类企业8556家，新增企业2310家，吸纳就业近19万人，营业收入1244.85亿元，同比增长41.21%。中国（长沙）马栏山视频文创产业园投入2.2亿元建设超高清视频共享制作云平台，视听节目制作周期和成本分别减少30%，5G智慧电台建成全国首个广播区块链技术应用平台，推出147档优质节目，年节目输出量达9000小时。这些产业园区正在打造集广播电视和网络视听节目采集制作、播出分发、智能网络传输、智能终端接收、提供高新视听节目和融合服务的全产业链，贯通内容生产传播价值链和电子信息设备产业链，形成现实生产力，为广电高质量创新性发展提供持续动能。

二、广电节目融合创新向新媒体运营思维转型

新媒体的发展是数字经济的重要部分，其本质特征是技术上的数字化、传播上的互动性。当前以智能分发为特征的内容客户端已经成为新媒体的主流。由于智能算法的介入，新媒体供应方和需求方双方的谈判成本和信息搜寻成本大幅度下降，这使得市场的边界在扩大的情况下，能够达到一个更高范围的市场均衡状态，从而提升了新媒体市场的总体价值。

在以数字经济为驱动力的广电高质量发展进程中，广播电视媒体将新媒体作为媒体营销的主战场，通过构建以用户为中心的新媒体平台来形成核心业务和盈利模式的良性运作，通过强化融媒体产品创新研发，提升整合营销能力，最终达到整体效益的跃升。

一是以用户为中心的"网感"思维革新节目生产运营方式。网感是指节目的话题、内容、语境、表达方式和视听方式等都是在理解网民的思维习惯和行为逻辑的基础上进行设计，呈现出互联网特色。例如，《唐宫夜宴》火热出圈后导演组面对网络热评迅速做出反应：推倒了原先录制好的版本，仅用了五天时间推出"唐宫小姐姐"版《元宵奇妙夜》特别节目，网感十足，广受好评。过去广电媒体定位为节目制播机构，广电内容生产运营采用版块式结构。在"用户时代"，广电媒体生产运营方式不断革新、重构，围绕用户在不同场景下的多元需求，变单纯的节目制播为多元产品开发，由此产生化学反应，不断

吸引、沉淀、凝聚用户群。一方面要增强内容生产与用户内容消费需求的匹配度，将用户价值最大化地放大，以用户为中心开展内容生产和渠道传播，形成强大的体验供给能力、内容分发投送能力和用户聚合能力。另一方面将内容作为相关业务产品的基本入口，依托内容生产和视听业务的核心竞争力，按照IP资源开发、品牌价值开发的准则，为用户提供丰富的延伸内容产品和多样态业务服务。

二是打造与用户建立连接的“新型内容”关系。连接用户的能力是内容传播能力的根本体现，要强化内容带给用户的情感利益与功能利益，拓展广电节目内容传播价值的深度与宽度。媒体融合时代，媒体与用户之间，随时都在进行信息、观点、情感的交流、交锋、交融。媒体与用户日益成为信息传播共同体、价值判断共同体、情感传递共同体。用户的数量、停留时长、参与程度，代表媒体对受众的聚拢吸附能力、社会动员能力和行为塑造能力，构成媒体视为生命的传播力、引导力、影响力、公信力。与用户建立关系的强弱，取决于产品功能输出给用户的价值高低。如SMG上海广播电视台旗下魔都电台通过广播主持人试水互联网场景直播，与“我是谜”（在线剧本杀）APP联合制作电台主题的悬疑推理剧本，选用电台知名主播人的声音，为剧本主角配音且融合进游戏环节，在新的网络场景中建立起用户与电台的联系，以一个客体（年轻化视角）的真实体验角度为内容叙述方式，带领用户探索和体验新鲜、有趣、真实的美好生活场景。

三是提升智慧融媒体制播能力支撑广电节目创新发展。融合大数据、人工智能、区块链等技术优化内容生产，优化传播方式，推动整个生产体系的重构迭代，建设一体化资源配置、多媒体内容汇聚、共平台内容生产、多渠道内容分发、多终端精准服务、全流程智能协同的智慧节目制播体系，增强广电节目创新发展支撑能力。开展基于用户收视行为深度分析的内容生产，建立、应用强大的用户数据库与对应的内容、产品及应用数据库，开发场景智能化识别与产品智能推荐系统。创新视听内容呈现方式，打造互动式视频、沉浸式视频、虚拟现实视频、云服务等高新视频新业态，拓展节目形态、创新节目模式，以新产品新服务新业态引领视频新体验，带来新消费。

三、广电节目融合创新运营的探索与实践

在数字经济驱动传统广电改造提升转型升级的大环境下，围绕探索广电内容输出新增长点，寻求新媒体营销新模式，各级广电机构开展了多种形式的节目融合创新运营实践。

（一）全媒体 IP 全产业链运营

传媒的价值链由传媒产品的创意设计开始，从知识产权的角度看，这个创造性过程必然是与专利、版权和商标联系在一起的。版权是广电的核心资产，是打造全产业链的重要基础。全媒体IP全产业链运营，就是以版权为核心打造全媒体产品链、供应链和价值链，形成长尾经济效应，打通线上线下生产、传播与消费一体化的IP运营、品牌授权、衍生市场开发等全产业链，为广播电视节目的盈利模式打开新的突破口，探索从内容生产到商业变现的全链路运营模式。

一是以全媒体产品和服务为核心，运用互联网思维创新宣发机制，实现全媒体IP融合传播。利用流量思维，主打移动优先，由单一节目生产向全网参与的模式转变。将单个节目进行拆分剪辑，在自有新媒体平台高密度多频次传播的同时，依托快手、抖音等头部短视频平台进行推送，促进各种传播渠道的互联、互动、互通和共享。不少广电节目实行宣推前置，或采用新媒体端比大屏端提前开播的策略，在各大网络平台分发节目相关内容；或采取“正片+片花”“明星引流”等营销推广策略，获取更为广泛的注意力资源。优质原创节

目发挥复合渠道的传播优势，充分运用全媒体矩阵拓宽受众订阅、观看平台。如，中央广播电视总台《敢教日月换新天》在每天正片播出前推出由知名主持人、记者出镜的竖屏短视频，打破传统专题片、纪录片给人的刻板印象，以生动鲜活的短视频形式以及“流量”主播有趣、有料的声效语态和情感动员能力吸引更多网络视听用户，“以短带长”引流，带动多模态长内容分发。上海广播电视台《民生一网通》结合广播节目密集接听听众热线电话的特长，电视节目视频直播的优势，网络平台海量传播、互动性强的特色，成为全媒体强互动的民生节目新样态。

二是以广电内容资源和原创产品的版权运营为核心，打造优质IP全产业链。一方面，围绕受众需求进行内容IP化多价值开发。把一个创意进行多模态产品转化，将一个IP在文本、场景和服务的链条上转化为多个产品，打造节目IP，营造社交场景，开发出知识付费、直播带货、娱乐交流等新媒体产品，为用户提供线上线下链化服务。如，江苏省广播电视总台“松鼠悦读”通过“电台知名主播+名校名师+行业专家+版权授权”的独特模式开发精品亲子通识类知识付费音视频产品，上线3年多来全网亲子家庭用户累计突破40万，累计课程销售收入突破300万。另一方面，内容版权开发实现全链路打通。优质内容的价值边界向产业链上下游和相关产业延展辐射，形成贯穿影视、出版物、游戏、动漫、电商、客户端应用等多种产品的生态圈。具有庞大粉丝群体的优质内容具备较强的品牌效应，孵化的衍生产品更容易获得成功，如在全网粉丝量高达1.2亿+的李子柒在YouTube每年有近千万美元的广告佣金分成，2020年李子柒品牌螺蛳粉、藕粉、鲜花饼等销售额达30亿元，李子柒IP估值超过50亿元。以IP为核心打造“全场景深度消费内容”模式，覆盖线上内容衍生至线下实体经营。河南卫视“奇妙游”系列节目塑造了个性鲜明、情感饱满、具象化的“唐宫少女”人格IP，火爆网络，带来几十亿的网络流量，引领了新国潮文化，唐宫文创联名款系列手办在全国一万多个销售网点同步上线。

（二）MCN聚合资源“主力军挺进主战场”

广电媒体具有主播人才、专业内容、社会公信力等天然优势，以MCN模式运营短视频是广电媒体坚持“主力军挺进主战场”的路径之一。广电MCN的运作模式是把内容创作者、互联网平台、变现方三方面连接在一起，形成合作共赢的生态，具有让内容生产创作专业化、商业运营专业化、商业盈利最大化、内部资源聚合化等特征和作用。截至2021年底，全国38家省级以上广电机构共有超470个粉丝量过百万的账号，其中千万级粉丝量头部账号48个，较往年同期增长92%。广电MCN规模不断提升，在各新媒体平台影响力不断加深，运营架构逐渐完善，部分广电机构已实现社会效益与经济效益的双丰收。

一是利用大屏赋能主持人与主播，在小屏多终端输出优质内容，实现内容衔接、在线衍生、用户导流。紧密依托大屏品牌栏目优势，采取双向导引模式。如内蒙古广电奔腾融媒MCN通过“在快手端做直播，大屏端做新闻”的联动模式持续培养IP，融媒体公益寻人节目《爱归来》，放大海燕寻人衍生效应。浙江民生休闲频道围绕18年的老牌民生节目《1818黄金眼》开拓全网知名品牌“黄金眼MCN”，立足大屏，拓展小屏，在短视频平台精心组织打造一系列融合作品，借助优质内容实现跨平台、跨地域传播，各平台粉丝总数超过2500万。

二是专业化生产、综艺化设计凸显主流媒体内容进场优势。广电媒体按照综艺化方式策划带货直播，同时兼备节目化的编排和专业的制作团队，通过新闻“二创”、直播综艺化与剧情化甚至设置虚拟主播，保证观赏性、趣味性和文化品位，形成广电媒体MCN的独特风格。广电媒体MCN在打造IP“人设”中充分发挥主播的公信力和专业性优势，增强粉丝黏性。这些主持人在直播带货中不仅与用户、受邀嘉宾、品牌主进行互动，体现出强交互性，还采用老百姓喜闻乐见的形式，如玩梗、互怼、说段子、抖包袱等，风格平民化。例如，由康辉、撒贝宁、朱广权、尼格买提四位知名主持人组成“央视Boys”，发挥自身专业优势以及幽默风趣的人格魅力，迅速吸引大量年轻粉丝。“央视Boys”在2020年“五一”当日“为了美好生活拼了”网络直播中合体带货，3小时销售额超过5亿元。

三是深耕垂类，服务下沉，重点领域探索突围。广电MCN核心在于面向多个网络平台生产和分发多垂类、多账号的广电内容IP，做垂直产业的专业化账号。垂直类内容更能够满足用户的个性化需求，获取到更高精准度的用户，具备更强的溢价和变现能力。主持人、主播直接下沉到某一垂类领域，依靠广告或线下交易返佣等获得变现。如荔星传媒MCN打造教育、美食、情感、才艺等领域垂类矩阵，拥有《为爱转身》等情感节目以及《震撼一条龙》等才艺比拼类节目，与江苏综艺频道联合孵化了一批垂类属性的账号。湖南娱乐MCN聚焦明星娱乐、母婴、美妆生活、剧情、萌宠赛道，黑龙江龙广电 MCN在美食、教育、文化情感、健康医疗等领域发力，中广天择MCN在特效类、时尚美妆类、潮鞋穿搭类各垂直领域培养账号。

四是探索多维度的商业变现模式，以跨界思维为内核，以新需求为驱动，加速产业化转型。当前，MCN已经从快速聚集达人和粉丝的规模化发展向产业化发展迈进。目前，头部广电MCN已经综合内容类、电商类、营销类三类MCN业务，涉足网络版权运营、短视频账号孵化、达人IP孵化、电商直播、政务类融媒体服务、账号代运营、主播培训、品牌全案打造、直播基地运营等，业务范围更加多元化。如，湖南广电芒果MCN形成了“短视频媒体运营”“直播电商”“品牌服务”“活动IP”等业务板块；山东广播电视台闪电MCN在商业合作方面形成账号孵化与短视频定制、课程培训与账号代运营、电商直播与基地建设等主要发展模式；广东广电MCN以内容产业为中心，将版权发行业务作为根基，分化出供应链基地、IP孵化基地、品牌流量服务商的产业路径。在实践中，广电MCN已经探索出了多元化盈利模式，拓宽了全媒体价值链，进入产业化、生态化发展阶段。随着元宇宙经济快速崛起，虚拟偶像的商业价值被不断挖掘，游戏、电竞、二次元等领域平台不断涌现，丰富了MCN的变现模式，将最大化地帮助MCN机构释放潜力。未来广电MCN有望进一步布局元宇宙赛道，实现弯道超车，创造智慧化经济新增量。

【作者系福建师范大学传播学院教授】

参考文献：

[1]李岚.电视产业价值链:理论与个案[M].北京:社会科学文献出版社,2006:9.

[2]胡正荣,王天瑞.平台链:打通内容生态的产品链,供应链与价值链[J].中国广播电视学刊,2022(1):4.

[3]习近平.不断做强做优做大我国数字经济[J].求是,2022(2).

[4]向坤,王公博.数字经济时代新媒体的政治经济学分析[J].东北财经大学学报,2020(4):9.

[5]余爱群.全面融入国家发展战略统筹推动广播电视和网络视听产业发展开新局[J].中国广播电视学刊,2022(3):19-22.

[6]中华人民共和国中央人民政府.国务院关于印发“十四五”数字经济发展规划的通知(国发〔2021〕29号)[A/OL].(2021-12-12)[2022-01-12].http://www.gov.cn/zhengce/zhengceku/2022-01/12/content_5667817.htm.

[7]国家广播电视总局.2021年全国广播电视行业统计公报[R/OL].(2022-04-25)[2022-04-25].http://www.nrta.gov.cn/art/2022/4/25/art_113_60195.html.

媒体深度融合之路：区块视频链的建构与应用

胡　兵

2016年12月，“区块链”首次作为战略性前沿技术被写入《“十三五”国家信息化规划》，成为国家布局重点。习近平总书记在中央政治局第十八次集体学习时强调，把区块链作为核心技术自主创新重要突破口，加快推动区块链技术和产业创新发展。2019年11月18日，广电总局党组召开会议落实党中央精神，强调积极推动区块链技术在广播电视和网络视听领域创新应用，加快推进广电行业转型升级。

近十年来，国内外关于区块链技术和应用场景的研究不少，但区块链技术在传媒和广电领域的研究很少。毫无疑问，区块链的四大核心技术，即分布式账本、非对称加密和授权、形成共识机制技术、智能合约技术将对传媒业产生深度影响，并形成基于区块链技术的媒体内容生态圈。2013年国外已有媒体将区块链技术作为底层技术搭建平台，建设区块链媒体，有新闻类平台（如

Civil、Decentralized News Network、PressCoin、The World News等）和涵盖新闻内容生产的社交媒体平台（如Steemit、Telegram等）。2018年4月11日百度图腾正式上线成为国内首个区块链技术在传媒业的应用场景。

区块链技术也为媒体深度融合、智慧广电建设及未来广电5G发展提供了全新的视角和颠覆性的解决方案。区块链技术在智慧广电建设中的应用包括区块链基础设施建设、用户身份认证、广电物联网运营管理和面向多方共享的分布式数据处理。近几年，区块链技术在广电行业的应用研究逐渐深入和具体化，如视频版权自动认证系统设计、区块链在广电监测行业的应用、用分布式计算和分布式记账来实现UGC内容推举制、基于区块链技术的网络视听内容管理支撑系统设计等。

目前国内关于区块链在广电领域的研究可分为两类：第一类是宏观视角的描述性研究，介绍区块链的特征、应用场景、案例以及对传媒业的影响；第二类是微观视角的技术研究，涉及区块链系统框架每一层的功能设计、区块设计与算法改进等，如联盟式音视频版权区块链系统设计。可见，从行业发展的“中观”视角研究不多，本研究从广电行业发展区块链战略视角提出建议，但又不浮于表面，而是切入广播电视与网络视听深度融合问题，挖掘广电家庭智能网关应用潜力，解决信息安全等行业痛点；提出视频行业区块基础链的设计思路，以及家庭智能网关的应用场景，为后续的系统开发者拓展思路，提供参考。

一、夯基础：构建视频行业区块基础链

电视媒体通过构建“电视+互联网”双受众市场媒介战略以获得全新价值增长点，探索媒体融合的运行规律以规划运营视频节目和广告信息，及时掌握用户最新的消费心理和行为方式，从而抢占传播制高点，赢得广阔市场空间。因此，随着广播电视及网络视听行业的深度融合，“电视节目”和“网络视

频”的概念会逐渐弱化，人们将习惯使用“视频节目”这一不带媒介属性的概念，下面用“视频行业”代表这两个行业。

1. 构建视频行业区块基础链的必要性

区块链技术围绕媒体信源认证、公民新闻审核、数字版权保护、付费内容订阅、传播效果统计、用户隐私保护、数字资产管理等一系列应用，为媒体深度融合提供了全新的视角和颠覆性的解决方案。许多广电现有系统和平台中遇到的问题都有望通过区块链技术得到解决。同样，网络视听行业也存在视频内容版权保护困难、视频内容莫名其妙被删除或屏蔽，以及越来越高的视频服务器存储成本、带宽成本等问题。区块链技术可以很好地解决视频行业的发展痛点，使视频行业成为区块链技术应用的新蓝海。因此，抓住区块链发展机遇，建设一个基于分布式视频业务的“行业基础链”势在必行。

区块视频链是一个包括广播电视及网络视听行业产业链各方在内的联盟链，主要包括内容生产方、内容提供方、服务提供方、集成播控平台、加密传输、传输分发渠道、终端、最终用户、线下产业等。建设视频行业区块基础链有利于统一规范标准，利用区块链技术提供云服务——BaaS（Blockchain as a Service，区块链即服务），为各类Dapp（Decentralized Applications，去中心化应用）系统或平台上链减少困难。在区块视频链上建立各种视频内容分布式应用智能合约，构建各种视频相关业务模型，例如音视频节目的分发和交易、影视众筹、数字版权保护、跨域跨网用户身份认证、收视率调查、机顶盒存储与鉴权等，能有效解决视频行业发展顽疾，加快上层应用的开发速度，降低开发成本，推动整个视频行业区块链应用快速发展。

2. 区块视频链的设计思路

无论是区块链1.0的比特币还是区块链2.0的以太坊，都存在许多技术难题，如无法满足复杂业务场景、串行处理受局限、数据过度复杂和冗余、协议升级困难、区块膨胀、低效的点对点通信以及跨链通信困难等。本文认为区块视频链在整体设计上需结合IPFS（Inter Planetary File System，星际文件系统）及EOS（Enterprise Operation System，企业操作系统）等区块链3.0项目的思路，构建永久性视频版本分布式文件系统；实现对视频内容溯源，为各种业务提供去中心化解决方案。

EOS类似于微软的Windows平台，通过创建一个对开发者友好的区块链底层平台，为开发Dapp提供底层的模板。因此，区块视频链也应是一个高效、可定制的链上“操作系统”，可让开发者根据应用场景和客户需求来开发定制视频内容业务系统。具体讲它是一个由微内核、链上操作系统、各功能模块以及遍布全球的视频云存储硬件设备节点共同组成的全视频生态链，如图1-1所示。区块视频链的微内核包含一个区块链系统需要的最基础功能（最小化区块链系统），在内核中设计一个“shell”作为和内核交互的最基础接口。用户既可以使用完整的区块链OS，也可以通过该接口在内核基础上快速开发定制智能合约。区块视频链同时设计一系列可视化工具，使得开发一个Dapp应用与开发传统Web应用相似，这样区块视频链的生态能够迅速地繁荣起来。同时，基于区块视频链平台，现有业务系统可以平滑过渡到分布式应用而无须大量更改代码，实现传统业务向区块链应用的迅速转变。

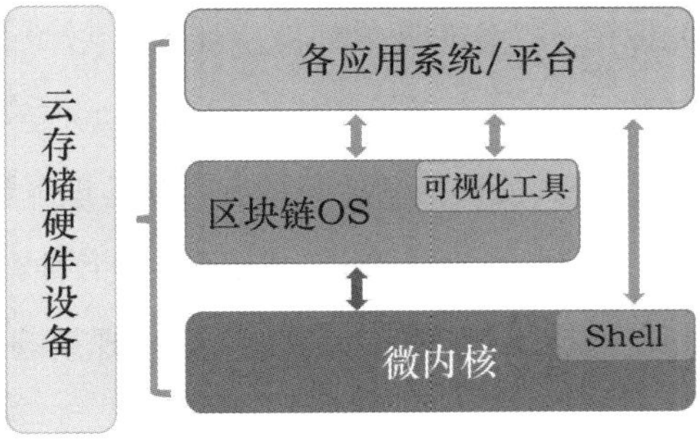

图1-1　区块视频链设计思路图

区块链的技术体系架构由下至上，大致可分为数据层、网络层、共识层、激励层、合约层和应用层共六层。区块视频链在每一层的协议、机制、功能、接口等的设计中都需要充分考虑视频行业的业务流程和特色，以及未来5G、物联网应用等因素。

数据层。由于区块链具备高冗余存储机制，区块链存储对区块链的扩展性和性能都有一定的影响。因此，区块视频链框架设计需考虑多层次的节点系统，如记账节点，区块视频链的核心角色，负责参与共识机制；视频节点，负责保存视频内容数据，但不参与共识、侦听并转播交易。根据不同的节点应用选择不同的存储策略，让整个系统有清晰的角色分工，专业的节点做专业的事情，既节约能源又提高整个系统的效率。

网络层。P2P协议支持区块链网络中各节点的数据传输和信令交换，是数据分发或共识机制达成的重要通信保障。区块视频链系统需支持多种P2P协议、通信机制与序列化机制的配置，根据不同的场景需要进行灵活的协议使用。在通信安全方面，可以灵活支持 HTTPS、TLS（Transport Layer Security，传输层安全协议）、WSS（Web Socket Secure）等安全通信协议。在建立平台应用对外服务接口上，可以扩展支持OAuth（API访问授权的开放标准）的认证集成。

共识层。该层目的是在决策权高度分散的去中心化系统中使得各节点高效地针对区块数据的有效性达成共识。早期的区块链技术采用工作量证明（Proof of Work，PoW）、权益证明（Proof of Stake，PoS）、授权股份证明机制(Delegated Proof of Stake，DPoS)等共识机制。区块视频链可以增加具有高性能、高一致性的基于记账人投票机制的拜占庭容错共识算法dBFT（delegated Byzantine Fault Tolerance），来保证网络分布式记账的一致性。

激励层。激励机制只在公有链中是必需的。区块视频链虽然是一个行业联盟链，但具有公有链的性质，特别是要支持众多普通节点自由上链。因此，区块视频链需要建立激励机制，本文下一节将会详细阐述。

合约层。对于每一项智能合约，作为一项链上IP资产进行全生命周期管理，对智能合约的提交、部署、使用、注销进行完整可控的流程管理和综合性安全管理。

应用层。为了让更多的企业和个人能快速在区块视频链上嫁接自己的应用，区块视频链应提供基于多语言的一系列底层数据访问和交互接口，增加基于数字资产证券化及交易平台逻辑的综合性服务包，包括身份认证、交易记录、所有权存证、数据查询引擎等。

二、正导向：建立区块视频链激励机制

激励机制是为了鼓励链上的节点贡献资源，这也是区块链思想的精髓。区块视频链可以通过设计适度的经济激励机制并与共识过程相集成，从而汇聚大规模的节点参与。

（一）制定区块视频链激励机制的必要性

区块链技术的核心是如何达成分布式共识，即在没有中心或者有多个中心的网络中，各个节点如何对该网络内所发生的所有事务达成一致认识。IPFS星际文件系统是一个旨在创建持久且分布式存储和共享文件的网络传输协议，是一种内容可寻址的对等超媒体分发协议。在IPFS网络中的节点将构成一个分布式文件系统。链上视频内容被分成许多小片加密存在无数节点上，除所有者外，任何人不能删除，视频将永久保存，自动备份，自动更新格式，随时可以播放，不存在找不到、已被删、被屏蔽、格式不支持等情况。由于大文件会被切分成小的分块，下载的时候可以从多个服务器同时获取，在本地拼成完整的文件。因此很快就能在本地看到视频，还可以继续分享给其他人。

实现分布式存储的前提是需要链上的节点贡献自己富余的存储资源和带宽资源。只有对贡献资源的节点拥有者予以奖励，激励节点自愿贡献多余的资源，才能形成良性循环，真正发挥区块链技术的优势。另外，观看或传播“广告视频”（观众无须付费，甚至可得到广告主奖励的需要宣传推广的内容，如广告片、宣传片等），也应该获得广告主的奖励。相应地，观看“价值视频”（观众需要付费观看的有价值内容，如电影、电视剧、纪录片、知识内容、教育培训内容等），需要支付费用；粉丝给网红送礼物，需要支付费用；等等。在链上存在众多的交易行为。因此，只有在区块视频链上建立合理的激励机制，才能在链上形成一个良好的交易生态。

（二）区块视频链 Token 分配算法设计

Token是区块链激励机制的载体，是区块链发行的原生通证。虽然比特币已经形成了成熟的挖矿生态圈，大量配备专业矿机设备的矿工积极参与挖矿，其根本目的就是通过获取比特币奖励并转换为相应法币来实现盈利。区块视频链发行Token要树立正确导向，主要鼓励节点贡献富余资源，而不应以盈利为目的。因此，区块视频链的Token奖励分配机制比发行机制更为重要。

区块视频链的Token分配主要根据全网每一个节点拥有者（用户或机构）每天的资源贡献和观看贡献。每天分配其的Token奖励值A_i可用下式概括：

$$A_i = \frac{t}{24}\beta_t \sum \beta_i C_i$$

式中C_i代表节点的贡献因素，如节点的硬件能力（CPU效率和内存大小）、网络带宽、可共享存储、当日上传非重复内容总流量、当日下载非重复内容总流量和当日被下载内容总流量、当日观看推广视频的时长等；β_i为各项的因子（权重）；β_t为有效在线时长，为有效时长因子。

在区块链中如何设计合理的分配机制引导各节点合理地合作、避免出现因算力过度集中而导致的安全性问题是亟待解决的问题。区块视频链节点获得Token的多少，不仅考虑节点所提供的算力、带宽、存储和上下载流量，还要考虑节点所分享视频内容的价值，并给予“视频价值”较高的权重，避免盈利目的泛滥的“挖矿”行为。区块视频链也要提供丰富的Token消费通道，节点获得的Token可用于链上各Dapp应用平台的交易支付，如获取价值视频、获取存储和带宽资源等，在链内形成一个完整的交易生态。

三、宽应用：区块视频链应用场景

无论是围绕数字化信息与视频内容的媒体传播核心业务，还是视频购物、数字营销、电视支付、智慧家庭等多样化的增值业务，区块链技术在视频行业具有巨大的应用潜力和融合应用场景（如图1-2所示，可开发的应用远超这些），鼓励机构和家庭自由上链，使得未来视频行业的领域范围和衍生业务模式进一步扩大，加速视频行业和其他产业的跨界融合。

1. 价值视频的智能合约交易平台

中国每年有超过800部电影拍摄，但是我们在影院能看到的影片寥寥无几，能有不错票房的更少，原因就是院线资源被垄断，被集中化，造成制作发

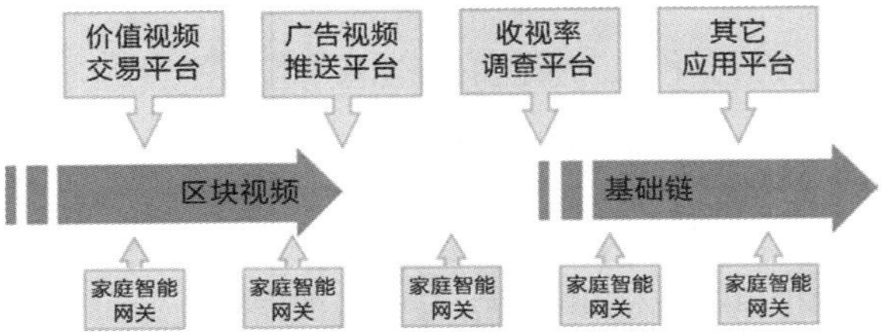

图1-2　区块视频链应用示意图

行和市场回报困难。然而，电影在互联网上发行，需要克服的最大困难就是盗版问题。基于区块视频链的智能合约交易平台，不仅可以对片源溯源、分发与分享、交易，并且提供鉴权、认证、公信等服务，省去中介的干预和成本。智能合约交易平台成为一种新的P2P点对点交易模式，一个新的去中心化、去中介化的视频数字资产交易平台。区块视频链系统能让更多原创的影视、纪录片、知识内容、教育培训、音乐等各种作品，自由上链，进行交易，进行分享，从而促进更多高质量的IP视频内容出现。

除了传统的视频交易业务，在区块视频链上还可开发许多新的去中心化应用，吸引众多媒体之外的企业、家庭和个人上链。例如，“视频名片”业务，区块视频链可以为中小微企业提供对外所有展现内容（如企业电视台、网站、邮箱、参展页面等）的加密存储和展示，进行遍布全球的分布式存储，安全、稳定、永不丢失；为每个家庭记录家庭的珍贵瞬间和荣耀；为每一个用户永久珍藏视频名片，无论是交友还是商务合作，让外界通过个人视频名片迅速了解你，再加上大数据分析、征信数据，极大降低市场沟通成本。

2. 广告视频的精准推送平台

企业想的是如何投放推广视频，使其能够精准、快速传达到目标人群，效果可追踪、可量化。另一方面，越来越多的用户选择屏蔽网上的广告视频，广告投放效果越来越差。如何让用户能够主动接收与自己相关的广告视频推送？区块视频链可以构建一个基于大数据精准投放、透明的视频推广内容生态平台：连接企业、内容制作方、媒体、网红、视频内容推广方，提高视频广告投放效率，提供基于大数据和人工智能的广告精准投放平台。

基于区块链技术的广告视频推送平台可以实现精准效果营销，打通各方信息孤岛。基于广告领域的数据治理和实时竞价技术（Real Time Bidding），应用多种机器学习和深度学习算法和模型，在全链数据集上针对用户和广告进行匹配，实现个性化高质量推荐，保证广告效果。同时，还可实现流量反欺诈，区块视频链建设全链全量数据跟踪系统，有效识别虚拟机和设备农场等高风险设备，明显区分正常用户行为、非正常用户行为、虚假流量。另外，可实现可信自动结算，告别中介代理。区块视频链将革新原来的生产关系，每个广告主的投放任务是一个智能合约，全链路数据是透明的，智能合约可按照每次效果实时给双方结算，避免合同纠纷。

3. 融合业务载体——家庭智能网关

随着国内广播电视和网络视听产业的深度融合，广播电视行业正在积极建设智慧广电，构建覆盖“云”“网”“端”的媒体云生态。许多广电网络运营商也正在转型升级，从基于Cable的有线电视运营商转型为基于IP的网络视听运营商。相应地，把家庭传统机顶盒（网络功能与终端功能一体化，业务拓展空间小）升级为集区块链、人工智能、大数据、物联网、5G通信等新技术于一体的家庭智能网关。广东省广电网络公司计划在全省投资建设800万个家庭智能网关，通过“智能网关+APP+社会化终端”模式，实现手机、平板、电脑和电视机都可以看“电视”，使“电视”无处不在。同时，通过家庭智能网关将云端存储连接电视、手机、电脑等终端，实现家庭云盘，保存家庭数字资产，为家庭提供便捷的数字资源共享和分享服务。欧美有线电视/电信运营商早已在大力拓展智慧家庭业务，2015年，英特尔公司应用于家庭智能网关的芯片出货量为2670万个，近几年呈现快速增长势头。

然而，用户在家看视频、上网的时间有限，家庭智能网关的计算资源、带宽资源和存储资源（家庭云盘）多数时间处于闲置状态。对家庭智能网关进行区块链技术软件升级，不仅可以充分利用24小时在线的家庭智能网关进行分布式计算和存储，贡献其额外的算力、带宽和存储资源，为电视台和用户的珍贵影像资料提供遍布全国的分布式存储与分享，解决视频安全、存储和带宽成本高等行业痛点问题，同时，基于区块链技术的家庭智能网关还可以保护网关后面电脑等家庭设备的安全，避免被DDOS（分布式拒绝服务攻击）劫持者侵害和非法使用。

把家庭智能网关接入区块视频链，不仅可以充分挖掘利用家庭智能网关的富余资源，还可为家庭智能网关带来丰富的应用场景，使其成为家庭的网络中心、通信中心、媒体中心和智能中心。通过家庭智能网关，不仅可以对已有业务进行升级，如家庭带宽从8Mbps提速到100Mbps、多种终端收看无须增加机顶盒、在视频点播业务基础上增加直播等；还可以开展家庭组网（集成多家网络运营商带宽）、家庭云盘（连接云端存储）、金融服务等新业务，甚至开放SSID（Service Set Identifier，服务集标识）运营（为不同的接入网络提供独立的身份验证，如图1-3所示）、打通智慧家庭与社区的通信与服务。区块链技术可以为以上应用场景提供跨域跨网用户身份认证以及信息安全保护等。

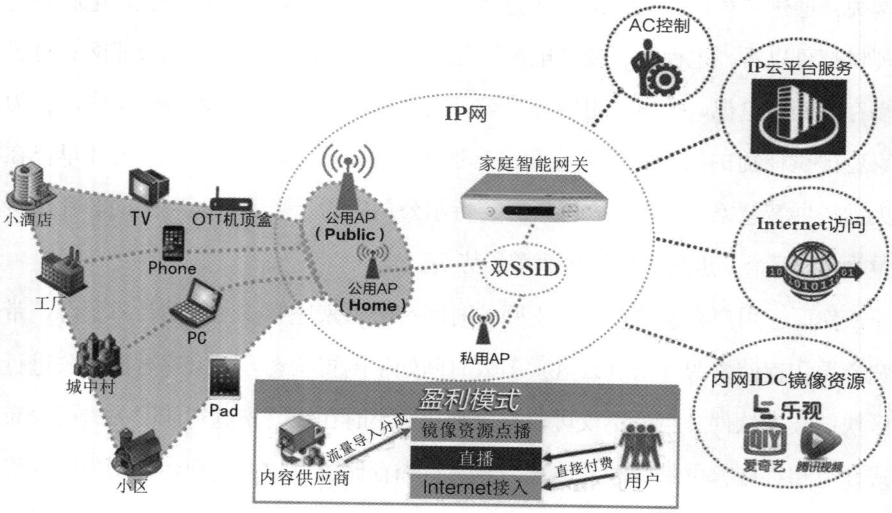

图1-3 开放SSID运营示意图

结语

随着IP、5G、物联网和区块链等新技术的发展，广电行业首先受到冲击的就是有线电视运营商，广电原有的网络和技术体系严重制约了有线电视及广电行业的发展。面对新技术的挑战，作为提供网络支撑的广电网络运营商需要技术的转型升级，更需要观念的改变。要打破之前的封闭、大包大揽思维，以完全开放的形态接纳更多的连接单元，让这些单元自由组合，产生一个个无法想象的业务形态。真正实现从有线电视运营商到网络运营商的凤凰涅槃。

【作者系华南理工大学新闻与传播学院教授、硕导】

参考文献：

[1]ALI M,VECCHIO M,PINCHEIRA M,et al. Applications of Blockchains in the Internet of Things:a Comprehensive Survey[J]. IEEE Communications Surveys & Tutorials,2019,21:1676-1717.

[2]陈子豪,李强,甘俊等.VC Chain:联盟式音视频版权区块链系统[J].计算机工程与科学,2019(11):1839-1948.

[3]丁晓蔚,何秋妍.论区块链技术对传媒业的影响[J].现代传播,2019(12):9-13,20.

[4]段蓉.用分布式计算和分布式记账来实现UGC内容推举制[J].现代电视技术,2019(6):136-139.

[5]方宏,蒲珂.基于区块链技术的网络视听内容管理支撑系统设计[J].广播与电视技术,2019(5):40-43.

[6]方洁,蒋政旭.国际上区块链技术在媒体场景下的应用研究[J].新闻与写作, 2020(01):21-26.

[7]胡兵.泛在与共享:从电视频道到广电云生态[J].当代传播,2019(05):75-78.

[8]孔彬.基于区块链技术的媒体内容生态圈设计[J].传媒,2018(15):55-58.

[9]李蓓佳,林宝成,陈益等.区块链技术在智慧广电建设中的应用浅谈[J].有线电视技术,2019(06):87-90.

[10]李吉广.视频版权自动认证系统的思考与设计[J].电视技术,2017(Z4):130-134.

[11]李鹏飞.基于区块链技术的媒体融合路径探索[J].新闻战线,2017(08):90-93.

[12]梅岩,高雅.区块链在广电监测行业的应用[J].广播与电视技术,2018(9):125-127.

[13]邵奇峰,张召,朱燕超等.企业级区块链技术综述[J].软件学报,2019,30(9):2571-2592.

[14]袁勇,王飞跃.区块链技术发展现状与展望[J].自动化学报,2016,42(4):481-494.

[15]曾诗钦,霍如,黄韬等.区块链技术研究综述:原理、进展与应用[J].通信学报,2020,41(1):134-151.

中国广播改革，从互动模式的演变看广播的未来走向

阙俊波

广播经历了从直面电视的竞争，由谷底迎难而上，奋力改革，到迎来汽车移动广播的黄金时代，再到新世纪直面互联网的竞争的过程。毋庸讳言，在互联网的竞争面前，包括广播在内的传统媒体，还没有找到一条比较有效的可持续发展之路，广播界精英还在流失，今天广播的境遇，仿佛回到20世纪80年代。所以，回顾中国广播改革之路，对突破广播今天发展瓶颈，以及应对新时代的新困境，必然有着现实意义。

广播在一个个时代浪潮中起起落落，却总能找到某一个契机逆境求生、奋力图强，中国广播改革的风雨历程就印证了这一点。

2018年6月，美国国家公共广播电台（NPR）和爱迪生研究公司（Edison Research）联合发布了《2018智能音箱报告》(*The Smart Audio Report 2018*)。这个报告显示：截至2018年7月18日，智能音箱在美国的拥有量超过4300万台，这些

设备迅速从第一批尝鲜用户扩展到主流市场用户。美国家庭通过智能音箱和语音交互实现便捷的家居服务，包括查天气、问路况、听新闻、听音乐、闹钟提醒、开关灯等。在中国，智能音箱也在迅速普及，阿里巴巴、京东、百度纷纷发布自己的智能音箱产品，百度更是推出了类似谷歌语音平台的DuerOS，希望建立一个国产智能音箱的生态平台。智能音箱的兴起，是否预示着“广播”重新进入家庭的一次机会？是否预示着音频媒体消费市场将进入另一个繁荣期？更为现实的是，如果以上的假设都成立的话，广播要如何变革自身才能适应新的场景？

本文试图以互动模式的演变来分析广播未来的可能走向。

一、互动，广播改革的第一战场

20世纪80年代的广州街头，飘散着香港电台的声音，主持人和听众之间的热络交流、很平民化的家长里短和耳熟能详的流行音乐，牢牢占据着市民的耳朵。

内地广播如何在传统的“我播你听”单向传输模式中自我革新，逆境求生呢？“珠江模式”的诞生刚好回答了这个问题。

“珠江模式”催生了一个全新的广播平台——直播室。在此之前，内地电台普遍采用播音员播发稿件，录制完由技术人员按时播放的模式。这种模式下，和听众的互动仅限于播发听众来信，互动效率相当低下。直播室的诞生，充分解放了播音员的自主性，让播音员成长为掌控节目的主持人。“珠江模式”有四个特点：主持人直播、听众热线参与、大板块内容组合、滚动播出新闻。前两个特点使互动成为直播节目中最鲜明的特点之一，热线电话引入到节目中，使听众和主持人实现了直接交流、现场直播。听众不仅可以听见主持人讲什么，还可以同时听到听众讲什么，听众和主持人间平等交流，实时互动，立即产生了亲切感，广播的声音有了前所未有的温度。当时珠江经济台有一档节目很火，叫《游戏一百分》，听众可以通过热线电话和直播室的主持人玩游戏，互动的气氛相当火热；热线电话的引入也催生了不少谈心类节目，捧红了一批谈心节目主持人。

如何实现和听众的互动，成为当时节目设计和活动策划要考虑的核心问题，互动得好，节目气氛就好，活动的参与度就高。珠江经济台开播后不久，就在广州文化公园搞了一次户外活动，与听众联欢，主办方甚至把电话模型设计成舞台的背景，这电话模型足有五米高，现场听众拨通舞台上巨型的“热线电话”就能与电台直播室里的主持人直接交流，并现场播出来，马上引起了听众的热烈响应。毫不夸张地说，互动成为广播改革的第一战场。

而直播室的诞生为往后多渠道信息整合和反馈提供了理想的广播发展平台。广播也在往后的数十年里围绕着直播室直播节目不断改革和演化，直到今天，直播室依然还是广播节目生产的中心。

二、互动，随着科技的发展在进化

改革开放40多年，国民经济发生了翻天覆地的变化，人们的生活方式也在跟随时代浪潮在不断演化着。广播，作为伴随性很强的媒体，实际上也在跟随人们的生活习惯而演化，从最初的听众来信，到直播室热线电话的引入，到手机诞生后的短信，再到互联网时代的QQ、博客、微博、微信……哪一次与听众互动方式的演进不是利用了当时最流行的交流方式呢？实际上，每一次的科技变革，每一个科技产品的诞生，广播都能主动融合，从没有缺席。一次比一次先进的互动方式，推动着广播一步一步向前发展。

听众来信。书信作为人们交流互动的载体已存在千百年，在广播直播时代之前，听众和主持人之间的互动主要靠书信来完成。广东电台在20世纪80年代末曾有个知名度很高的听众信箱节目叫《空中小路》，主持人是安路。她在回忆录中这样描述："收信成了我每天的一项工作内容，每天我都要去收发室取信，每次抱回一大包，有时索性就提着一个大篮子去取。同事也常常顺带帮我取，我的办公桌上不定什么时间，又多了一堆不知是谁帮我取回的信件，我的办公桌上、宿舍书桌上、手提包里，处处都是信件……"那年代，大堆大堆的信件，是电台办公室一景。

热线电话。改革开放后，随着人们生活水平的提高，固定电话进入了寻常百姓家。珠江经济台成立后，首先把电话接进了直播室，让听众的声音成为节目的重要组成部分。可以想象一下，当听众第一次从家里的电话直接拨进那"收音机"里和主持人聊天，还能听到自己的声音，会多激动！所以广播的热线电话在当年是最难打进去的，因为有太多听众在占线。通过这条热线，听众实现了为朋友、亲人点歌，对社会热点事件发表看法，为社会建设建言，向主持人倾诉心声，参加各种游戏等，广东新闻台的热线电话还在1990年的中秋之夜，将广州、北京和南极连接在电波中，让南极科考队员和家人、听众在空中互动、团圆，把广播互动提升到了全新的高度。

手机短信。自从手机走进人们的日常生活之后，手机短信成为人们最便捷的文字即时通讯工具。手机短信的普及很快使这种通讯工具进入广播，与广播的互动性天然契合。短信引入广播的长处是，它可以让主持人在海量信息中筛选出有用信息，而无须受接入多少个热线电话及其长度的限制，可以最大限度使用听众的反馈信息。手机短信和热线电话的结合是新世纪最初十年广播互动的鲜明特点。

博客、微博和BBS论坛。博客、微博和BBS论坛都是互联网Web2.0时代的产物。听众和主持人可以把文字、图片、音频等各种元素放进博客里，可以更完整表达自己的想法，也让主持人和听众的互动更多元更丰富。听众常常通过BBS论坛与主持人互动，发表自己的观点，为节目建言献策。听众发表在论坛上的观点也常常被主持人引用，成为节目的重要组成部分。

QQ、微信和微信公众号。QQ、微信和微信公众号似乎更属于移动互联时代的产物，自从智能手机普及后，这种集文字、图片、声音、视频于一身的通过智能手机就能便捷生成和发送信息的即时通讯工具，着实让广播互动火了一把，简直到了无互动不广播的地步。广播节目广泛使用微信的文字和音频，也广泛使用微信公众号来发布节目或活动预告……听众的参与度和对节目的贡献度达到了空前的高度。直到目前为止，热线电话、QQ、微信和微信公众号依然是听众参与广播节目最常用的工具。

三、互动方式，改变着节目形态

自从广播进入“直播”的新时代，广播的节目形态在悄然改变。手机和互联网的出现，带给广播冲击的同时也极大丰富了广播互动的手段和方式，并推进了广播节目生产流程再造、技术更新、创新转型。这个进程中，主持人和听众的地位更平等了，主持人和听众间的距离越来越近了。

20世纪80年代末，一根电话线接入直播室，引发了主持人角色的转变，播音员变成了主持人，广播在一定程度上告别了“我播你听”高高在上的时代。从此主持人有了自己的个人性格，自己的节目特质，甚至有了以自己名字命名的节目。

无论是节目设置还是活动策划，由于互动在节目中的重要位置，所以如何实现互动是节目策划者和主持人首要考虑的问题之一。为了让主持人离听众更近，广播电台提出了“与听众零距离”的口号，广播开始把直播室搬出电台，入驻人来人往的城市广场、商业中心、地铁站……把围墙变成透明的落地玻璃，主持人做节目的一举一动，主持人的穿衣打扮和神情样貌全部呈现在听众面前。

许多电台把“办看得见的广播”作为口号，组织各式各样的户外广播活动和听友见面会。主持人通过这些活动实现和听众的零距离互动，大大增进了彼此的感情，增加了听众对节目和主持人的黏度。

随着通讯手段越来越发达，主持人走出直播室办直播有了更多的途径，有些主持人就跟听众一起边参与活动边直播，听众也可以边听着节目边参与活动，主持人和听众都成为节目的组成部分。比如一些电台的“夜跑”类节目就是典型的代表，近年来，傍晚跑步的人越来越多，这类节目抓住了年轻人跑步时喜欢听广播听音乐的特点，专门为跑者定制节目，甚至主持人本身就是个跑步爱好者。主持人走到跑步队伍中做直播，成为他们中的一员，这种和听者之间的亲近感就特别好，真正实现“零距离”的效果。

四、互动与人工智能

在互联网和移动互联网作为社会基础系统的时代，广播又一次站在了十字路口，既面临着听众流失和平台式微的严峻挑战，也在新的充满不确定性的未来中不断寻找着新的出路。

可以确定的是，只要有个契合点，广播总能在人类科技的更新换代中华丽转身。正如开头说到的智能音箱兴起，再一次把人们收听音频的兴趣点拉回到家庭这个场景中来一样。

2018年6月美国国家公共广播电台和爱迪生研究公司联合发布的《2018智能音箱报告》数据显示，47%的早期主流用户大部分时间都在家里和其他人一起使用智能音箱。“在拥有智能音箱至少一年的家庭中，它们现在是消费音频内容的头号设备。这对媒体和广告界的任何人都有深远的影响。对数百万美国人来说，智能音箱才是真正的新收音机。”数据还显示，听新闻成为第一批智能音箱采用者和早期主流用户使用的重要驱动力：37%的智能音箱所有者在上周至少听了两个小时的新闻。根据2018年春季发布的消息，平台上有更多的新闻需求，这是推动智能音箱销售的一项动力。73%的智能音箱使用者把“新闻时事”作为他们最感兴趣的话题。在打算购买另一台智能音箱的智能扬声器所有者中，有五分之三的人是为了在家里更多的房间里听新闻。

笔者的女儿在美国中部一城市生活，她的家中从2017年初开始有了智能音箱，是朋友送给她的生日礼物。智能音箱体型很小，跟小罐头差不多大小，矮矮的，本事却不小。女儿最常用它来控制家居，查找信息，听新闻和听音乐。比如进出厨房时叫它开关灯，蒸鱼、焗鸡翅时叫它几分钟后提醒熄火……操作很方便，叫一声“Alexa”即可唤醒它，随时吩咐它帮你做事情，它会跟你对话，回答有时还很调皮。你可以问它：附近有些什么好的中餐馆？某某品牌的衣服要到哪里买最划算？这家店几点关门？它都会一一回答。做饭、搞卫生、吃早餐时，女儿会叫它播放推送的新闻或者某个广播电台的节目，也会听听音乐。智能音箱成为女儿手机之外的另一个有相当依赖度的电子产品。这种应用场景在美国的家庭已相当普遍，相信在不久之后，中国的家庭也会相当普及。

居家，显然是智能音箱的核心场景，可以预期的是，广播节目入驻智能音箱，将使广播拥有回归家庭的机会。或许有一天，“家庭广播”将跟交通广播一样挺进广播主流市场。

那么，人工智能时代的广播要具备什么特点呢？如何实现互动？如何改变节目形态？笔者想用以下几个关键词来一一阐述。

可搜索。跟传统广播不同，在互联网时代，听众完全告别了“你播我听”的单向传播模式，而是根据自己的兴趣和爱好搜索自己需要的内容，随时随地搜索自己喜欢的主持人和节目，这是一种完全平等的互动模式。而节目形态方面，跟珠江模式的大版块大时段节目特点不同，互联网时代的节目特点首先要实现可搜索。搜索引擎是互联网实现内容检索的最便捷武器，也是互联网应用的最重要特性之一。广播节目进入互联网，首先要具备可搜索的特性。碎片化、格式化是实现可搜索的重要途径，碎片化并不意味节目的时长要短，而是要适度，要适应用户对节目的需求和互联网使用的习惯，不同的节目内容有不同的时长要求，比如广播剧、说书就肯定比信息类节目要长得多。碎片化要求节目单元要清晰、完整，并符合互联网格式规范。随着智能科技的发展，语音助手越来越广泛应用于车载系统、智能音箱和穿戴设备上，人们可以发出语音指令来轻松实现搜索节目，这是未来收听广播的趋势。

可推送。互联网是海量内容的聚合平台，推送可以让用户最省时省力获取自己感兴趣的信息。目前最成功的是算法推送，所谓算法推送就是利用用户的一些行为，通过一些数学算法，推测出用户可能喜欢的东西。算法推送实际上是人机互动的结果，通过计算机和人工智能的技术在海量信息中搜寻推送符合用户阅读和收听兴趣的内容。为了适应互联网可推送的特点，广播节目要有更强的标识度，要强热点、强话题性、超细化。提供多样性，符合各个领域、海量兴趣点和广度的内容。有些广播APP（如考拉FM）还着力开发自己平台的算法系统，向车载场景进军。

虚拟化。传统广播无法解决受众与主持人“一对一”的问题，因为受众千千万万，主持人就那么几个，主持人永远无法兼顾每一个个体的需求。而“一对一”却是互动的最高境界，“一对一”才能服务于每个个体的需求。

虚拟主持人的出现，完美解决了这个问题。2017年8月22日，第五代微软小冰发布会召开，小冰电台上线。小冰电台是第一个通用的人工智能实时创造交互式内容生成平台，可以基于多重来源，面向任何主题，自动实时创造不间断的电台节目；还可以在与听众的交互过程中，根据听众的喜好，实时改变节目内容。

2018年3月1日，由南方财经全媒体集团和科大讯飞联合推出的全国媒体首位“人工智能虚拟主持人”正式上线。通过语音模拟技术，合成南方电视台主持人俎江涛的虚拟声音进行新闻信息播报，相关节目于3月3日全国两会开幕时在南方财经全媒体集团旗下股市广播率先推出，并在各媒体陆续上线，为听众带来财经新闻信息。南方财经全媒体中央厨房还运用智能机器人自动生成财经信息稿件。显然，运用人工智能、大数据、AI智能写稿、智能语音播报等技术已可以实现基于算法的个性定制、个性推送的语音服务。

虚拟主持人集合了语音交互科技、搜索和算法推荐、人工智能的学习功能，给用户带来了全新的互动体验，也给用户收听广播带来了全新的模式。它在帮助用户快速搜集有用资讯的同时，还可以根据用户指定的语言、个性化腔调播报定制新闻，播放音频，提供居家服务。

可应用。可应用是指听众或者用户在收听了自己感兴趣的内容之后，想马上定制相关的互动或消费时，广播平台能提供服务和支付入口。这些互动或消费，用户甚至可以通过语音助手来完成。比如在收听完某热点事件后，用户可通过语音助手搜索到网络上其他人对这个事件的反应，也可以立即发表自己对这个事件的看法。甚至可以通过语音助手组织有相同兴趣的人实时讨论；当用户听完吃喝玩乐的节目，对某个餐厅或旅游项目感兴趣时，可以通过语音助手下订单。

据报道，美国国家公共广播与亚马逊、谷歌和苹果都签订了协议，成为这几家公司旗下智能音箱的默认新闻提供商。2017年12月，BBC（英国广播公司）宣布，Alexa智能音箱用户可以直接发出指令，收听BBC56个广播频道内容，把《阿澈一家》《女性时间》等热门节目搬到了语音设备上。

在互联网时代，传统的广播依然重要，传统的主持人依然重要，因为广播的最核心内容仍然需要由广播人来提供，智能机器人无法取代传统主持人的个性、观点、感情。只不过互动方式变了，某些节目形态变了，听众所处的场景变了，听众的收听方式就会随之改变。新的时代一定会赋予广播更多的终端，更多的场景，基于不同的场景，听众的收听模式、互动模式也将趋于多样化。

【作者时任广东广播电视台《声报》执行总编】

参考文献:

[1]毛晓霞.《空中小路》,像是打开了一道闸门[M]//陈晓琳等.爱在恰逢其时.广州:岭南美术出版社,2018:76.

[2]王岚岚.广播媒体的智能化趋势与未来[J].视听界,2018(3):6.

[3]NPR&Edison.The Smart Audio Report 2018[R/OL].https://www.nationalpublicmedia.com/smart-audio-report/latest-report/.

4K 电视迭代对广电供给侧改革和产业升级作用研究

周　敏

2018年10月，中央广播电视总台和广东广播电视台相继推出4K超高清电视频道，中国电视进入超高清新时代。2019年3月，工信部、国家广电总局、中央广播电视总台联合发布《超高清视频产业发展行动计划（2019—2022年）》，确定了我国“4K先行、兼顾8K”的总体路线图后，杭州求索、广州南国都市、北京冬奥、上海欢乐剧场等4K电视频道如雨后春笋，相继开播。2021年2月1日，中央广播电视总台更是推出8K频道。

发展4K超高清电视，是中国广电行业贯彻创新发展理念，推动高质量发展，形成新发展格局的一个具体实践。本文试结合实践，就4K电视迭代对广电供给侧改革和产业升级的作用，与业界同仁进行交流。

一、4K 影像将引发新一轮视听产业生态和传播格局的变革

纵观全球电影电视发展历史，技术的进步和跨越往往引发一场产业生态的大变革，进而催生新的传播格局。就电视而言，自1958年北京电视台（央视前身）开播至20世纪90年代初，中国电视用了36年的时间从模拟信号进入到数字信号时代。1994年元旦开始，全国第一批省级标清卫视上星。2006的1月1日，央视高清综合频道播出，中国电视又用了15年时间逐步完成了由标清向高清的迭代。每一次电视迭代都深刻改革着产业生态、传播格局。4K电视时代又将给人们带来突变式的、颠覆性的视听体验。

视听产业间的竞争格局也因技术迭代发生着变化。20世纪80年代，正是电视由模拟信号时代进入数字信号时代，才使得电影院线的生态发生巨变，人们离开了影院回归到客厅。特别是20世纪90年代彩电普及之后，电影业陷入长达20多年的低迷。2003年，全国电影票房才有10亿级数。随着IMAX巨幕电影、激光放映机、环绕声、3D/4D、超高清等技术的出现，营造了沉浸式观影体验，受众再次回归影院，去感受客厅里没有的视听效果。电影靠迭代走出一片新天地，2017年全国电影总票房已接近600亿。2020年在疫情环境下，全国电影总票房也高达203.14亿元。截至2021年4月18日，全国电影市场2021年度票房已突破200亿。环顾当下智能手机时代，各类小屏对电视的冲击，与当年电视对电影的冲击何其相似，电视作为昔日的无冕之王也遭遇寒冬。

电视界对4K电视的期望，绝非仅限于依靠分辨率和三维环绕声的技术优势重新吸引“低头党”回到客厅，更想借鉴电影工业化标准，在供给侧生产提供堪比大片的电视作品，推动广电产业升级，并以4K视听展示撬动整个4K产业链条中过万亿的市场。正像电影通过技术革新实现逆袭一样，电视媒体要积极拥抱4K新技术，通过发展守好4K舆论新阵地，让受众重新回到客厅。

二、创新传播逻辑和电视语汇是广电供给侧改革的突围路径

广电供给侧结构性改革是一项需要广电行业和其他领域多方配套支持的系统工程。仅就广电自身而言，供给侧改革就将涉及要素结构优化、生产组织结构优化、产业结构优化、生产方式优化、库存结构优化、盈利模式优化等多项“深水区”改革。显然，4K电视迭代不是“月光宝盒”和“尚方宝剑”，不能解决所有问题。但是，4K+5G等新技术的出现，的确又为创新传播逻辑和电视语汇提供了可能。牢牢抓住这一点发力，变供给侧惯性思维为需求侧思维，在“能力半径”范围内，根据需求侧的诉求，在内容创意、创新能力和制作工业化水平等方面下功夫，或可找到供给侧改革的突围路径。

一是打破惯性思维，以新的传播逻辑、电视语汇创作生产需求侧需要的内容产品。在视听领域，传统电视曾一家独大，是“无冕之王”。这种业态滋生了“我播你看，爱看不看”的传播逻辑。“制播分离”背景下产生的传统电视制作“空心化”问题，更使这种思维形成惯性。全媒体时代出现的全程媒体、全息媒体、全员媒体、全效媒体，导致舆论生态、媒体格局、传播方式发生深刻变化，人们可以从多元渠道获取信息，包括视听信息。新兴媒体“讲故事”的手法，改变了传播逻辑和传播语汇，对传统电视形成巨大冲击。从社会学的角色分工看，受众不仅是视听产品的消费者，也是视听产品的生产者、传播者，甚至还是主角。从网络视频讲故事的手法看，5秒一个包袱，10秒一个戏剧高潮，是浓缩版的“内容提要”，极大地关照受众在移动端的使用体验。这种新的传播格局使国内网红经济爆发式增长，相反，传统电视经营则持续下跌。CTR媒介智讯数据显示，2020年，全国省级地面广告刊例收入在2019年下滑的基础上，同比下滑15.4%，广告时长同比下滑22.4%。因此，打破惯性思维，创新传播逻辑和电视语汇，从需求侧出发生产内容产品，是生存的需要。

同时，国家广电总局2018年颁布的4K超高清电视产品的封装格式和标准，要求4K信号达到3840×2160/50P/10bit，BT.2020色域格式，符合国家广电总局GY/T 307-2017《超高清晰度电视系统节目制作和交换参数值》的标准。这一标准也将给传统电视的内容生产带来一系列连锁反应，比如化、道、服和灯光等，任何环节出现的瑕疵都会被放大。面对新标准，也需要打破惯性思维，使思想迭代与技术迭代同步，拿出新的解决方案。

二是以电影工业标准生产细节化呈现的奇货精品。在相同尺寸的画面里可以看到更多的细节，或者在更大电视屏幕面前，看到细节无损的画面，人们会获得一种前所未有的开阔感、穿透感，甚至亲近感和互动感。传统电视从仰、平、俯三个视角给受众提供的“电视快餐”，在新技术大量应用的今天显得毫无竞争力。好莱坞电影《黑客帝国》《谍中谍》《大力神》等，国产电影《三打白骨精》《让子弹飞》《流浪地球》等，都大量应用运动控制（MOCO）、三维建模、3D绘制、高速延时等新技术，或360度呈现宏大场景，或细节化呈现山体迸裂、滴水穿石的过程，这都是肉眼难以企及的视角。电视综艺《舞蹈风暴》最爆款的片段是128台摄像机采用“子弹时间”技术完成的《风暴时刻》，4K版《航拍中国》最让人赏心悦目的是无人机拍摄的鸟瞰大地，4K版纪录片《文脉中国》最具震撼力的镜头是弯管技术拍摄的墨透纸背瞬间宣纸的变化，央视春晚和《唐宫夜宴》最夺人眼球的是虚拟实景拓展技术（XR）的完美应用……新技术条件下的细节化呈现，往往带给受众难以想象的视觉冲击力。

赛事直播也是4K电视的优势。飞猫镜头可以从空中捕捉赛场的壮观全景，高速摄影也可及时回放任何有争议的判罚。2018年以来，央视4K直播的中网，广东4K应用4K+5G技术直播的广州国际女子网球公开赛，应用远程操控技术直播的2019年“省港杯”首回合比赛，2020年首次使用5G网络传输4K信号技术直播的中超比赛，填补了国内多项技术空白，引起受众极大关注。生产独一无二、人无我有的4K内容产品，是吸引受众重回客厅的有力支撑。

三、深度融合与 4K 版权开发是广电产业升级的优先选项

习近平总书记2016年2月19日在党的新闻舆论工作座谈会上发表重要讲话时指出：融合发展关键在融为一体、合而为一。要尽快从相“加”阶段迈向相“融”阶段，从“你是你、我是我”变成“你中有我、我中有你”，进而变成“你就是我、我就是你”，着力打造一批新型主流媒体。

近几年，各省在产业升级方面“八仙过海”，相继出现了“广电+互联”“广电+版权”“广电+电商”“广电+实业”“广电+广告”多种模式。在实践中我们认识到，以互联网思维实施“双屏驱动”战略进行深度融合，以版权池建设对4K内容版权进行深度开发，以智慧广电提供智能服务，是广电产业升级行之有效的优先选项。

一是以互联网思维实施“一云多屏”“双屏驱动”战略推动传统媒体的深度融合。互联网模式的逻辑，是利用高效率来整合低效率，对传统产业核心要素进行再分配，以提升整体系统的效能。在这一逻辑支撑下，“低头党”成为一种社会现象。传统广电的产业升级可以借鉴这一逻辑，依托核心资源构建“一云多屏”“双屏驱动”的聚合服务平台，把受众变为用户，由“中央厨房”向多终端分发内容，把聚合、组织、动员能力发挥到极致。广东广播电视台自主打造的新型主流媒体平台触电新闻客户端自2016年底上线后，通过视频资讯聚合分发提供千人千面的用户体验，平台总点击量超过4亿。在4K电视迭代过程中，广东还同步完成了4K云平台一期工程建设，率先将我国主导的AVS2编码标准应用于商用系统，利用“云桌面+后台分组多任务”方式支持复杂计算，实现了远程网页4K超高清内容的生产制作，专家鉴定达到国内领先水平。借鉴互联网思维，2020年“双11”期间，广东广播电视台又以“大屏代言、小屏带货”的创意，与国内短视频平台合作进行双屏直播，大屏围绕扶贫等主题

扩大主流价值影响力，小屏则发挥网红经济优势热销扶贫产品，将传统媒体、电商平台、产业实体三者串成一个闭合产业链。在每周四19：30—23：00的双屏直播时段，受众曾一度形成了在客厅里“刷大屏”的生活方式。

二是深度开发4K版权打通4K上下游产业链。对传统电视来说，4K内容是一片有待开发的蓝海，内容需求是4K带给我们的礼包。利用“垂类知识产权(IP)”打造现象级节目，实现从版权到IP值的变现，将创意内容与市场对接，这在当前4K内容短缺的窗口期显得尤为重要。深度开发和进行4K版权保护，是连通整个4K/8K超高清视频产业的重要环节。面对未来4K版权交易每年约1000亿元规模的市场，在2020年11月的2020世界超高清视频（4K/8K）产业发展大会上，“4K节目生产发行南方中心”挂牌成立。同时，根据全国4K上下游企业云集广东的实际，广东计划以《粤港澳大湾区发展规划纲要》和《中国超高清视频产业发展行动计划（2019—2022年）》为政策背景，着手创办“粤港澳大湾区4K电视节”，将其打造成落户广州、辐射全球、以4K/8K超高清视频生产交易为核心，以产业服务和展示体验为支撑的年度重要活动，助力发展超高清视频产业，助力驱动以视频为核心的行业智能化转型升级，促进我国信息产业和文化产业整体实力提升。

三是着眼智慧广电智能服务。要跳出频道办频道，重视在4K电视迭代过程中广电的衍生价值，提升增值服务水平。比如，在IPTV中开设4K电视套餐、VIP服务包业务，在各种移动视频桌面开设4K专区，等等。也可以从专业化优势出发，提供远程教育便利，场景化模式介入网上政务、智能社区、线上服务、医疗等创新性产品。

四、以政策引导和4K产业链协同构筑4K电视生态

4K电视迭代，既是电视媒体的机遇，也是关联产业和上下游企业的机遇。

当前，我国4K超高清视频产业初步形成了终端先行、频道建设稳步推进、行业应用初步兴起的良好态势。业界估算，2022年，中国超高清视频产业总体规模将超过4万亿元。

2018年以来，广东在推动4K电视迭代方面先行先试，并在播出平台搭建、内容资源集散、技术标准设计应用、用户增量、云平台建设等方面形成了一定的先发优势，初步实现了广东省人民政府与国家广播电视总局签署《合作备忘录》时提出的要成为全国广电供给侧改革和产业升级“示范区”和“试验田”的目标。然而，已开通4K电视的省份都遇到了共性困难：一是4K内容供给存在短板，二是具备完整接收4K电视条件的用户基数过小。以广东为例，广东4K频道的信号已能覆盖全省19个地市54个县（市、区），但CSM媒介研究公司数据显示，2020年广东省全省平均每天收看4K的人数仅为8800人，收视率仅有0.01%。在IPTV的用户中，只有七成家庭安装了4K机顶盒，这七成用户中又只有三成新配置了4K电视机。这是制约4K电视迭代的瓶颈，也是连通4K产业链的堵点。

必须看到，国内对4K电视迭代促进广电供给侧改革和产业升级这一课题的理论研究处于起步阶段，有一些领域甚至是空白。国内4K电视迭代的实践也处于探索阶段，4K电视生态比较脆弱，难于形成产业闭环，难以产生实际收益。现阶段4K电视在整个4K产业链上的作用，是依靠政策引导和经费扶持进行4K视听效果展示，逐步形成4K消费动员力。因此，从中国电视历次迭代的规律出发，在未来一段时间，仍需政策引导、政府扶持，尤其是需要4K产业链企业（包括终端硬件生产商，电视面板、芯片等上游制造商，下游软件商，网络运营商，内容提供商）协同发力，才能构筑好4K电视的新生态。

【作者系广东广播电视台编辑委员会办公室特聘业务指导】

参考文献:

[1]蔡伏青.新时代新跨越:4K影像革新与广东电视媒体作为[J].新闻战绩,2018(8).

[2]张君昌,熊英.新常态下广电产业如何转型升级[J].新闻战线,2015(6):4.

5G视野下长、短视频对新闻表达与议程设置的影响

张　宁
宗　琪

一、5G技术发展情况及其对新闻业的影响

（一）5G技术发展情况

2019年6月6日，随着工业和信息化部向中国电信、中国移动、中国联通、中国广电发放5G商用牌照，我国正式进入5G商用元年。2019年11月工信部宣布，全国已经开通5G基站11.3万个，到2019年底可达到13万个，5G套餐签约用户已有87万个，多个城市宣布将实现部分地区的5G网络覆盖，5G通信呈现出良好的发展态势。

作为移动通信的新一代革命性技术，5G，即第五代移动通信技术的突出特点为高速率、低时延、高容量、低能耗，在满足人与人的通信连接外，能够更

好地服务于“物与物”和“人与物”之间的通信需求，实现“万物智联”。5G网络的理论峰值传输速度可达每秒10Gb，比4G网络的传输速度快百倍，一部高清电影只需1秒即可下载完成，超高清视频的传输变得极为便利；5G对网络时延的要求是1毫秒以内，无人驾驶汽车的刹车智能控制反应距离将由4G下的1.4米缩短为2.8厘米；5G网络每平方公里至少能承载100万台终端设备，遍布各地的基站能够保障数以亿计的设备安全接入网络。

5G通过强大的无线连接、边缘计算和网络切片技术，再加上云端存储、人工智能、VR/AR等技术的加持，可以打破时空界限以及虚拟与现实的界限，创造一个海量用户同时、永久在线，随时随地万物可入的网络互联世界。正如《5G经济社会影响白皮书》所称，5G将以全新的网络架构提供至少十倍于4G的峰值速率、毫秒级的传输时延和千亿级的连接能力，开启万物广泛互联、人机深度交互的新时代。

目前，各行各业都在探索与5G的结合点，5G技术的应用广度和深度不断扩展，5G创新应用层出不穷。VR/AR、超高清视频、无人机、车联网、工业互联网、智能电网、智慧医疗、智慧教育、智慧金融、智慧城市被评为5G十大先锋应用领域，5G技术的相关产业链正在加速形成。传媒行业天然与通信技术存在密切联系，新闻传播必然会成为5G融合应用发展的一大领域。

（二）5G 对新闻业的影响

新闻传播离不开通信载体，通信技术的革命必然引发新闻传播的迭代升级。基于5G技术的影响，新闻的采、写、编、传等各环节都将发生革命性的改变，传统以语言文字为主的信息流将被视频流所迭代，新闻传播的供给呈智能化趋势，渠道呈泛在性拓展，模式向交互式转变。具体而言，5G对新闻业的影响可从以下五个方面加以分析：

1. 新闻采集：5G环境下遍在的传感器拓展了新闻信息采集维度

传统媒体主要是靠人工奔赴现场进行采访来了解新闻信息，即使借助了摄像机等设备，也还是主要依靠人的眼、耳等身体感官来观察和感知信息，往往局限于记者身处的某个时空截面和单一场景，信息采集维度较为单一。

5G情境下物联网和传感器技术的极大发展使得“万物皆媒”状态得以实现，新闻信息的采集渠道不再仅仅局限于人，监控摄像、无人机、可穿戴设备等等智能终端打破了人类在感知的广度、深度和精度等方面的局限，成为“人的延伸”，可以从更多元的维度和视角来获取与解读信息。每平方公里百万台的终端设备可以自动进行全天候、全维度的信息收集，并且能够实时上传和更新，新闻信息不止局限于图文，还包括丰富的视频和海量的数据，为接下来的新闻生产提供了多元的素材和源源不断的信息流。

2. 新闻写作：5G推动了新闻内容生产的数据化、智能化和视听化

在5G技术的推动下，传感器等智能终端产生了海量数据，新闻媒体在生产新闻产品时必然要分析和展示这些数据信息，从而对新闻事件进行多维度的立体说明。在各种智能化处理工具的帮助下，新闻工作者能够更加便捷地引入大量数据，并且能够将繁杂的数据简单化、关联化，以直观生动的可视化形式呈现，满足受众的多样需求。

人工智能的不断发展，还将促使新闻生产实现更高水平的“人机共生”。当前，新闻写作机器人已经不再是新鲜事物，比如新华社所推出的“快笔小新”。机器人自动抓取数据填入设定好的写作模板，只需几秒钟便可以产出一条新闻，大大提高了新闻生产效率。但目前的MGC（机器生产内容）只局限于模式化的内容创作，随着机器学习水平的不断提高，未来的机器人在规律提炼、情感表达、原因分析、细节描写等方面的能力也将提高，MGC会成为新闻生产的常态。

在5G超高速率网络的支持下，视频的制作和传播变得极为便利，传统图

文内容对受众的吸引力将会降低，视听传播成为吸引注意力的重要手段。新闻“写作”的内涵也会随之拓宽，更加直观生动、易于理解、信息丰富的视频语言将取代文字语言成为新闻内容的主要表达形式。不过，新闻写作的视听化并非意味着简单的图文影像拼接，而是基于全新的视听模式要求，将高质量的新闻内容用视频流的形式加以呈现。

3. 新闻编辑：5G 云端处理加速了新闻的即时编辑与同步播报

5G网络的各项特点将会彻底支持对新闻素材进行“现场云”处理，高速率、低时延可以实现素材的快速传输，高容量则可以实现多方协同处理，新闻采集、回传、编辑、播报的同步性大幅提高。记者只需要一部手机就可以做到素材采集和同步回传，省去了大量中间时间，任何一个接通了5G网络的现场都可以建立云端编辑部，从而实现全天、及时、高效的新闻报道。

例如，在2019年两会期间所应用的5G轻量级媒体平台，解决了传统视频直播业务布线不方便、无线传输时延过大、卫星传输成本高等问题，为各媒体提供了利用5G网络传输和云化制作超高清视频的新媒体服务，参观人员不仅可以回传采访的超高清视频，也可以在云平台进行节目内容的制作，实现了“5G云采编”。

4. 新闻分发：5G 算法与物联网实现了新闻推送的精准化、渠道的泛在化

当前新闻的精准推送，主要是利用算法抓取用户的搜索和浏览数据，识别相应关键词，从而分析用户的兴趣和偏好，再将相关信息推送给用户。5G时代，推送方将会获得更加全面的用户数据，比如年龄、身份、经历等，再加上遍布的传感器（可穿戴智能设备）可以收集到用户所处的场景信息，比如地点、天气、环境等。这样，算法在深入学习的基础上，就可以主动分析出用户的新闻需求，将基于个体信息和兴趣的新闻分发，升级为基于场景和需求的精准推送，甚至通过需求的实时反馈实现新闻的量身定制。

构成5G物联网的各类终端还使得用户可以随时随地接入互联网获取信息，

除了手机、电脑这种常见的终端设备，手表、车载显示器、智能音箱、家电等各种显示屏都可以成为用户接收新闻的渠道，新闻分发渠道实现了泛在化。

5. 新闻体验：5G 超高清视频增强了新闻的在场感和交互性

5G技术的发展还会带动新闻体验的进一步提升，视频类新闻成为业务主流，图像分辨率、视场角和交互性是提升用户体验的三条主线。

视频图像的分辨率由高清发展到超高清的4K、8K，传输高质量视频需要更多的数据流量，而5G网络便可以满足这一基础要求，新闻事件所记录的细节也就愈发丰富，所呈现的画面愈加逼真，实现视频新闻的实时高清渲染，带来良好的视听体验；5G高带宽能够支持视场角由单一、平面向VR和自由发展，新闻产品不再只是简单的事件陈述，而是营造出360°全景还原的情境，让用户可以置身新闻现场，自行选择观看视角。比如韩国电信在转播平昌冬奥会时利用5G推出的360°全景VR直播，就为观众提供了在家中享受体育比赛的真实体验，还可以选择一名运动员追踪观看；交互类业务的发展要求极低的网络时延，5G网络可以实现AR影像的实时叠加、流畅展现和持久运行，最大程度保证良好的交互体验。

二、5G 视野下的新闻表达

（一）5G 带来新闻报道中视频表达的增加

如前文所述，由于5G传播的高速率、高带宽、低时延等特点，视频传播的网速限制被打破，视频新闻也逐渐增多，并且在未来将很可能取代文字成为新闻表达的主要方式。

除了技术的支持外，5G时代受众对于所获取的信息的要求也会进一步提高，单调的文字新闻已经不能满足受众的需要，视频新闻相比图文来说，表达的内容更丰富，吸引力更强，高保真的超清视频也能给用户营造更好的视觉观感。同时，生活在快节奏社会的人们也逐渐失去了主动阅读和理解大段文字的时间与耐心，也就是说，人们越来越“懒”了，而简明直观的视频新闻既不需要受众进行过多的思考，又能让人们对新闻内容产生更深的印象。

此外，短视频本身易于制作、成本低的特性也促进了视频新闻的增加。只需一部手机即可完成拍摄、剪辑和上传等一系列操作，社会表达与交流的门槛降低，普通大众都可以轻松掌握，也可以随时参与新闻的生产和传播，大众拍摄的视频还能成为新闻工作者制作新闻的一手素材，新闻报道中的视频表达越来越常见。

（二）视频新闻的表达特点

1. 主题鲜明，叙事简洁

当前较流行的短视频新闻由于时长限制，通常不会有过多的铺垫，没有导语和解说词，往往在视频开头便直接切入主题，开门见山，只讲述事件核心内容，传递的信息量较大且集中，在短短的几十秒或者数分钟内就能够把一件事情的前因后果交代清楚，这十分符合当前受众在信息获取方面要求高效的习惯。

视频画面多采用现场纪实，将各种视频碎片加以拼接，呈现出完整的事件过程，或是利用动画加以还原；再搭配适当的背景音乐和简洁的文字，叙事逻辑简单明了。

2. 表达内容要素多元

相比于4G时代主要依靠文字和图片的逻辑性表达，5G时代的新闻表达可资利用的要素更加多元，视频、语音、图片、文字可以同时出现，能够立体多维地呈现出具体的语境，所包含的信息内容也更加丰富。如喻国明认为，除了表面上的理性和逻辑信息外，视频中人物的语气、神情、动作、姿态，以及场景的布置等非语言信息，也都会对视频的受众产生深刻影响，从而达成传播和沟通效果。

3. 营造出在场感和沉浸感

视频新闻的高清画面和实时传输可以让观众直接看到事件现场的实际情况，及时了解事件进展，而且编辑采用的很多素材都来自事件亲历者的第一视角，观众在观看视频时便更像是亲身经历一般。再加上各种虚拟和增强现实技术的辅助，便营造出了更加逼真和沉浸式的新闻传播效果。

三、5G 视野下视频作为一种重要新闻载体

（一）短视频对于社会议程设置的影响

1. 议程设置时效提升

5G时代的信息传播速率将实现大幅提升，短视频的传播也会获得更完备的技术支持。短视频简单直观且富有冲击力，能够有效吸引民众的注意力。受众在看到自己感兴趣的视频内容后也可以很方便地对视频进行转发，扩大视频的影响范围。短视频所反映的议题在短时间内便可以成为热门话题，获得更多关注，引发民众讨论，形成社会热点议题。与短视频相关的评论内容也可以实时反映民众关于该议题的看法，进而用于评估议程设置的效果，及时做出调整，提升整体时效。

2. 议题设置权力下移

基于议程设置理论，大众媒体在民众感知“什么是当前重要的问题”上有巨大的影响力。随着互联网的普及，社交平台的发展，以及短视频制作门槛的降低，上传和发布内容变得极为简单，打开手机，按下拍摄键即可把自己想要分享的内容录制下来，并通过社交平台进行转发，人人都能成为短视频新闻的制作者

和传播者，精英逻辑被打破。传统媒体不再是信息传播的控制者，无法垄断公众注意力，其话语权被进一步消解。在这样去中心、去权威的环境下，受众可以自行选择、加工信息，产生议题，制造舆论，议题设置的主体可以是任意的短视频使用者。决定某个议题能否成为公众议题的不是其来源，而是议题是否符合大众的某种需要以及具备信息模糊、答案不确定的性质，看似微小的议题，只要公众认为其有价值并进行自发传播，就有可能被提升到显著高位。

3. 议程设置过程改变

传统环境下，大众传媒主导人们的信息生活，社会议程设置的过程为“媒体报道→社会关注→热点议题”，但随着短视频影响力的日益提高，这一过程逐渐变为了“视频上传→社会关注→热点议题→媒体报道→议题扩展”，很多热点议题都是来自普通民众上传的视频内容，在一定范围引发社会关注后，才会得到媒体的整理发布，实现议题的扩散。

在5G环境下，通过短视频实现议程设置的过程变得更加复杂，议程设置的主体也更加多元，媒体、民众，甚至包括机器、算法都会对议题的设置产生影响。某个议题经媒体报道后，若是没有得到民众的关注，依然无法达成议题设置效果；而大多数民众的影响力则是有限的，若是没有媒体的协同传播，议题仍然无法引起广泛关注；再加上智能机器和算法程序日渐广泛的应用，视频若想在社交平台得到进一步的传播，也需要符合算法的识别和推荐机制。在这一过程中，社会议题的设置就需要经过多个主体的交互合作才能实现。

（二）中长视频的新闻表达和议程设置

由于时长的限制以及对传播效率的追求，短视频对于新闻内容的表达始终是不够完整的，多数只停留在事实介绍层面，无法对新闻涉及的议题进行有层次、有条理的阐述和分析。而中长视频新闻则可以在具备视频表达的优点的同时，摆脱时长的限制，针对某一问题进行细致剖析，突显新闻内容的某些特质，探讨其成因和规律，实现完整的逻辑表达，提供问题解决方法，影响民众对该议题的认知深度。

长视频新闻所面向的对象也与短视频有所不同。短视频新闻重在使对该事件不知情的民众了解新闻，知道其存在，引发关注。而长视频的传播对象则是已经关注到了新闻事件，并且想进一步了解事件相关信息，参与社会公共事务的民众。简单来说就是，短视频拓展传播的广度，长视频拓展传播的深度。

如在国外有着很高人气的网络视频新闻频道Vice News，其受众群体以具备成为主流人群和意见领袖的巨大潜力的青年为主。Vice News所采用的报道模式就是长视频新闻，对国际政治、宗教、毒品等契合受众需求的社会敏感议题进行深入的专题报道，全方位呈现新闻内容，带给受众强烈鲜活的个人体验，满足了受众的好奇心和求知欲，获得了广泛欢迎。

四、总结：5G 时代视频新闻的议程设置力

5G时代，视频新闻的传播更加便利，其直观便捷的特性相较于传统新闻表达形式也更易被受众接受，更能吸引注意，从而发挥更强的议程设置力。

如果将视频新闻的议程设置作用与传统新闻体裁加以类比，可以说短视频新闻类似消息、通讯这样简短的新闻报道，其主要作用在于介绍事实，揭示现象，引发社会关注，产生社会议题，让民众“看到”事件或问题的存在，起到初级议程设置的作用；而中长视频新闻则类似篇幅较长的深度报道，主要作用在于阐释逻辑，分析和解决问题，告知民众应该“怎么看”，提供理论和现实支撑，引发更深入的思考，起到属性议程设置的作用。

5G技术的发展必将加速中长视频新闻的崛起，未来媒体在发展视频新闻业务时也要将眼光投向中长视频，发挥自己的专业能力，在利用短视频获取注

意力的同时，注重对新闻内容的深度挖掘，扮演“压舱石”和“定盘星”的角色，发挥好舆情引导作用。

【作者张宁系中山大学传播与设计学院教授，宗琪系中山大学传播与设计学院硕士研究生】

参考文献：

[1]雷思雨.在线视频新闻媒体Vice News的新闻报道研究[D].西安:西北大学,2018.

[2]蔡雯,翁之颢.专业新闻的回归与重塑:兼论5G时代新型主流媒体建设的具体策略[J].编辑之友,2019(7):5-9,22.

[3]曹茹.新媒介环境中议程设置的变化及其实质[J].河北大学学报(哲学社会科学版),2008(4):119-122.

[4]匡文波.5G:颠覆新闻内容生产形态的革命[J].新闻与写作,2019(9):63-66.

[5]彭兰.移动化、智能化技术趋势下新闻生产的再定义[J].新闻记者,2016(1):26-33.

[6]宋鑫卓.5G时代新闻业特点与发展策略[J].青年记者,2019(23):10-11.

[7]孙宜君,王长潇,刘盼盼.网络短视频议程设置的议题建构及其功能嬗变[J].当代传播,2019(5):46-49.

[8]工信部.全国已开通5G基站11.3万个[EB/OL].(2019-11-21).http://www.xinhuanet.com/tech/2019-11/21/c_1125258418.htm.

[9]中国信息通信研究院(工业和信息化部电信研究院).5G经济社会影响白皮书[EB/OL].(2017-06-12).http://www.caict.ac.cn/kxyj/qwfb/bps/201804/P020170711295172767080.pdf.

[10]中国信通院5G推进组.5G应用创新发展白皮书:2019年第二届"绽放杯"5G应用征集大赛洞察[EB/OL].(2019-11-02).http://www.caict.ac.cn/kxyj/qwfb/bps/201911/P020191102428729914777.pdf.

[11]]中国信通院5G推进组.5G新媒体行业白皮书[EB/OL].(2019-07-17).http://www.caict.ac.cn/kxyj/qwfb/bps/201907/P020190717790406367218.pdf.

[12]李良荣.短视频将成为未来新闻发布的主要方式[EB/OL].(2018-10-10).http://economy.gmw.cn/2018-10/10/content_31631135.htm.

[13]喻国明.5G时代政治传播的新机遇新挑战[EB/OL].(2019-10-28).https://mp.weixin.qq.com/s/3jogqf4n8Z48E9hb1074RA.

关于广电媒体在 MCN 领域的发展思考

郑旭飞
麦正阳

MCN俗称网红孵化机构。它诞生于美国，却在中国发展壮大。MCN全称Multi-Channel Network，译成中文是多频道网络。生于美国的它不生产内容，只是将众多内容创作者聚合起来建立频道，帮助他们解决推广和变现的问题，最后再按一定的比例与创作者分成。中国本土的MCN是一种多频道网络的产品形态，将PGC、UGC、PUGC内容联合起来，在制作、交互推广、合作管理、资本等方面的有力支持下，保障内容的持续输出，最终实现商业的稳定变现。

作为内容产业的新兴链路，国内MCN在2017年经历了爆发式增长。据统计，截至2018年12月，中国以MCN为主营业务的机构数量已经超过了5000家。大量的视频创业者、投资人、经纪人公司、广告公司、视频平台进入这个行业。与此同时，MCN行业发展规则性弱、红人出走、营收增长率放缓等问题开始频频出现。

大势来兮如洪水汤汤，波涛汹涌却也暗藏刺芒。推动行业进化需要势能，在这个势能之下，问题无法被掩盖，前进也无法被阻止。在MCN行业鱼龙混杂、泥沙俱下之际，一些广电媒体在MCN领域开始崭露头角。他们在这个全新的领域大胆探索，寻求广电媒体发展的新途径。笔者认为，广电媒体进入MCN行业，不仅有助于规范MCN业态的商业规则，也意味着广电媒体正在迎来自身发展的新机遇。

一、广电媒体在 MCN 领域的发展现状

视频、直播是广电媒体的天然优势。如今，很多广播电视主持人都在各视频平台上开设了账号。作为国内新闻传播界的头部IP，央视《新闻联播》于2019年7月29日正式推出《主播说联播》短视频，主播结合当天节目中的重大新闻和热点新闻，用通俗易懂、年轻化的语言表达，赢得了广大网友的点赞、转发。《主播说联播》自上线以来，相关内容在微博平台上累计转发超60万次，评论超40万条，点赞量过千万，视频播放量达6.6亿，博文累计阅读量超9.6亿；抖音号自8月24日成立以来，粉丝量超过2200万，短视频点赞量超4500万，每集平均点赞量超100万。可见，《新闻联播》已经彻底摇身一变成了网红，为广电媒体的互联网传播模式树立了一个标杆。

（一）借船出海，与知名网络平台合作

1. 湖南娱乐相对完善的 MCN 运营机制

2019年8月20日，湖南娱乐频道组织召开了一场以“广电人如何玩转短视频”为主题的全国广电MCN同盟会，提出要汇聚广电同仁的力量，强强联合，共同冲进短视频新媒体的亿万赛道。湖南娱乐频道打造的MCN机构Drama TV成为这次会上大家关注的焦点。

Drama TV依托湖南广电强大的内容基因，结合市场化手段，把发展的触角伸入了抖音、快手、头条号、百家号、淘宝直播等多个平台，在母婴、美妆、美食、娱乐等内容赛道上进行布局。截至目前，Drama TV在抖音平台上的粉丝超7700万，单条视频播放量最高超8000万，签约达人120余个，成功打造了“张丹丹的育儿经”“叨叨酱紫”“维密也小曼”等一批网红账号。其中，“张丹丹的育儿经”账号曾在抖音带货，48小时成交额55万元。

Drama TV搭建了比较完善的运营机制：达人运营中心，负责运营、签约，营销、管理艺人；五大内容工作室，负责专业内容输出、IP孵化；市场运营中心，负责短视频整体的商业变现；“芒果公会”，负责湖南娱乐的直播运营业务。

Drama TV的商业链条也相对完整，与市场化MCN的网红签约模式相同：孵化纯素人博主、签约网络现有账号、与名人红人合作，以及负责账号全部的包装、运营、推广的经纪合约。整个商业链条完全对标市场化MCN机构。

面对融媒时代的新挑战和新思维，湖南娱乐频道当前的构想是全国广电MCN机构彼此敞开怀抱，实现多机构、多账号之间的关联，搭建一条“引入达人→产出内容/直播→平台运营→广告/电商推广”的骨架式商业变现链条。广电MCN联合起来变为超级MCN矩阵，在巨大的网络空间中实现流量的乘法。这不仅能填补达人们的广告空窗期，也能最大化地满足广告客户品效合一的诉求，让广电媒体在流量变现时代拥有真正的话语权。

2. 中广天择 MCN 打造“千号一网”

长沙广电集团旗下的国有控股上市公司——中广天择传媒股份有限公司在2018年正式成立中广天择MCN。短短一年，旗下账号全网粉丝数2300万+，全网播放量40亿+，点赞2亿+，已与雪佛兰、OPPO手机、耐克等五十多个品牌完成多次合作，实现了包括广告、直播、电商、知识付费、线下活动等新媒体端的多元化变现。

传统广电的栏目如何在新媒体端扩大影响力和变现？传统广电的主持人如

何在新媒体端绽放异彩？传统广电的编辑记者如何化身新媒体端的KOL（关键意见领袖）、达人？中广天择MCN都蹚出了一条路。比如湖南电视台的主持人晏维，签约中广天择MCN后，成功转型为一位专业的美妆博主“晏大小姐Vivi”。她用传统电视台主持人的身份，在新媒体端为粉丝分享娱乐圈变美的真相。经过中广择天MCN的运作，“晏大小姐Vivi”账号一年涨粉656.2万，全网播放量超4亿，商业广告涵括40多个一、二线品牌，每个月广告收入破百万元。在“晏大小姐Vivi”粉丝突破百万后，中广天择MCN就为其配置了4个人的专职团队，分别负责账号的人设、创意脚本、拍摄、剪辑以及后期包装。

中广天择传媒股份有限公司当前的发展构想也是集结国内同行共谋发展，但在操作上与湖南娱乐频道不同。中广天择MCN的目标是集结各级广电的媒体号和栏目号组成“千号一网”，悉数签约入驻快手平台。快手平台则为新签约入驻的媒体账号提供流量扶持、内容培训、贴片广告扶持。双方运用各自的资本优势、运营优势以及平台优势，助力各台完成影响力的提升和全方位商业变现，共同建设具有竞争力的“新型主流媒体”，一起打造广电融媒体发展的新格局。

3. 成都广电的“云上模式”

2018年9月，成都广播电视台注册成立全资子公司成都云上新视听文化传媒有限公司。虽然它是由传统媒体成立的公司，但与市场化的MCN机构非常相似，设有四个部门：IP孵化部、自制内容部、渠道运营部和商业运营部。

在2018年11月的中国网络视听大会上，成都云上新视听文化传媒有限公司和腾讯、今日头条、新浪微博、爱奇艺、搜狐等五家平台，在IP孵化、精品视频打造、IP资源开发等领域签订了深度战略合作协议。

目前，公司孵化的内容主要有三个方面：一是以“主持人日常”为代表的PUGC，重在打造人设，整合了成都广电在专业人才、视频制作、名记者、名主持，以及当地高校方面的资源，孵化并打造了一大批具有一定影响力的IP

账号；二是以“云上星娱乐”为代表的自制垂直内容，现已发展成为西南地区首屈一指的明星娱乐类IP，在微博、今日头条等平台具有较强影响力；三是以“云上深夜快递”为代表的传统节目全媒体化转型。其中，业绩最抢眼的是“主持人日常”。尽管现在它发布的视频作品不到百条，但已在抖音平台上拥有了近200万的粉丝，多次登上抖音热搜，并且连续数周挤进抖音粉丝增幅榜TOP30，单条视频最高播放量超8000万，总播放量超3亿，并成功实现商业化。

因为是国企身份，所以公司自成立起，就和市场化的MCN存在本质区别。成都广电台非常看重“云上深夜快递”这类传统节目的全媒体化转型，而且在公司的运营上显得更加审慎。比如他们有IP提案评审会制度，孵化一个达人需要有3个月的试运营，达到20万粉丝后才开始深度孵化。员工和公司签署了经纪合约才可以享受后期的商业分成。

（二）自己造船，加快广电 APP 建设

1. 苏州广电实施网红培养计划

苏州广电早在2011年就以超前的眼光提出了“移动为先”的发展战略，所有资源向移动端倾斜。当前的主打产品“看苏州”APP于2016年上线，客户端下载量已超过220万，日活率保持在20%。内容运营方面，苏州广电重点打造“主播秀”版块，面向全台100多名主持人实施网红培养计划。

这项网红培养计划的主要内容包括：每天轮流安排5名主持人在“看苏州”APP上进行直播；主持人需自主策划45—60分钟的直播内容，以此加强与用户互动，扩大传播范围，提升个人和节目影响力；主持人的薪酬、评优与其在新媒体的表现挂钩，定期发布榜单进行评比，贡献尤为突出者最高可获1万元奖励。

目前，“主播秀”版块累计获得6000万人次收看，已成为“看苏州”APP最主要的流量来源。平台营收方面，在没有营销人员情况下，2018年“看苏

州”APP营收超过1000万元；2019年在增设营销团队情况下，营收目标为2000万元。2019年第一季度营收已达700万元，整体运营态势良好。

2. 打造“主流网红” 首创正能量“主播秀”

让传统主持人成为“正能量网红”主播，是不少广电MCN的发展设想。扬州广播电视台的“扬帆”APP于2016年12月上线，推出的“新闻女生直播秀”和“主播秀”深受当地网友喜爱。

“新闻女生直播秀”是“扬帆”APP上的一个特色直播专栏。它以电视栏目《新闻女生帮你忙》为依托，由出镜记者新闻女生担任主播，结合电视栏目特点和新闻女生个性，通过视频直播、网友互动的形式，深入第一现场记录新闻事件进程，邀请知名学者、新闻事件当事人、热心公益的志愿者等进行直播访谈，关注社会热点、倡导健康生活、传播先进文化、弘扬社会主义正能量。“扬帆”APP 的“主播秀”是指当地广电主持人用手机进行突发新闻现场报道、大型活动现场报道、生活服务等。2018年，“扬帆”APP推出了2000多场“主播秀”。从目前来看，“扬帆”APP在打造“主流网红”和正能量主播方面，虽未获得较好的经济效益，但社会影响较大，取得了非常好的社会效益。

二、广电媒体在 MCN 领域的发展思考

“来而不可失者，时也；蹈而不可失者，机也。”MCN行业的兴盛对于广电媒体的发展无疑是一个机遇。广电媒体进入MCN领域，是因势而谋、应势而动、顺势而为，也是加快推动媒体融合发展，增强传播力、引导力、影响力和公信力的重要举措。广电媒体进入MCN行业的发展目标不能止步于获取可观的经济收益，而是要获得这个领域的话语权，让传统媒体在这个全新的领域里占据主导地位。

广电媒体在MCN的优势主要有三方面：第一，广电媒体拥有强大的公信

力，与市场上的MCN相比，更容易获得粉丝的信任和客户的认同；第二，广电媒体设备齐全、技术成熟，有经验丰富的制作团队；第三，广电MCN孵化的大多都是广电主持人，他们本身就具有一定的影响力和知名度，更容易被打造成为网红。按照国家广播电视总局的要求，主持人必须持证上岗。这对社会上的网红是一道门槛，但广电主持人却有天然优势。

相较于市场化的MCN机构，广电MCN的劣势也同样明显。笔者认为，广电媒体应用改革与发展的眼光审视自身与市场相悖的地方。这些都是广电媒体改革进程中需要化解的难题。

（一）转变内容生产机制，加速与市场接轨

相较于市场上的MCN机构，广电MCN无论是运作的市场化程度，还是机制的灵活性方面，都存在较大的劣势。广电媒体应根据自身实际，创新MCN机构的运营机制，使之与市场接轨，从而激发整个工作团队的干劲，满足受众和客户的需求。

广电MCN脱胎于传统广电媒体，工作团队需要尽快转换角色、转变观念，认识到网络视频与广电节目的制作逻辑完全不同。广电节目是面向的人群越广越好，广电MCN则强调垂直细分；广电节目重视选题策划，广电MCN则重视打造人设；广电节目强调“内容为王”，广电MCN更注重市场导向。如果广电MCN机构只会将现有的电视节目切条上传，不重视账号的商业化包装和主持人的人设运营，就很难在MCN领域获得成功。

（二）调整播报风格，适应网络传播特性

各地广电MCN布局的共同点是以主持人为主，打造人设IP，做垂直细分领

域内容，比如母婴育儿、时尚美妆、房地产等较容易商业变现的垂直细分领域。

广电主持人虽然大多都是科班出身，在台词功力、镜头表现等方面都比素人用户更专业，也拥有一定的粉丝量，但这并不代表广电主持人就能够轻松转型为“网红”。不是每一个广电主持人账号都能成为值得孵化的IP。

大多数广电主持人在网络上并不具备网络变现能力。与传统缺乏精准性的大众媒体广告轰炸不同，网络平台直播广告更多的是依赖网红主播对粉丝的人格化感染和定向化营销。这是一种网红与粉丝共同主导的社群营销模式，也是一种网生内容与原生广告融合推动的商业创新模式。对于广电主持人而言，这是一个全新的领域，需要深入学习才能快速转型。传统广电主持人的播音风格如果已经固化，在原有基础上修改可能还不如培养一个新的网络主播来得便捷。

（三）严守宣传纪律，探索合规的运营机制

虽然当前对于广电主持人私人账号的使用并没有明确的限制和规定，但是相关政策却并没有完全放开。

根据广电总局提出的主持人管理新要求，广电主持人作为公众人物，在微博、微信等社交媒体发言评论需要加强自我规范和导向意识。在2015年下发的《国家新闻出版广电总局关于进一步加强广播电视主持人和嘉宾使用管理的通知》中提到，各播出机构要综合考虑主持人的专业素质和社会形象，判断其是否适宜发声出镜，要对主持人在节目中的言行举止认真审查把关，严格按照《新闻从业人员职务行为信息管理办法》（新广出发〔2014〕75号）有关要求，切实加强主持人职务行为信息管理。《新闻从业人员职务行为信息管理办法》（新广出发〔2014〕75号）中则明确规定，新闻从业人员不得利用职务行为信息谋取不正当利益。

因此，凡涉及商业活动和营销变现就很容易触碰到底线。这也就是为什么

目前几乎没有央视主持人参与到网络视频平台的商业化运作中来。对于卫视台和城市台，这类风险隐患同样存在。

笔者认为，主持人不一定要在视频中马上进行商业变现，将主持人孵化为“网红”后，带动栏目增值也可以作为广电MCN的一个发展思路。

三、结语

“不日新者必日退，未有不进而不退者。”广电MCN机构的发展浪潮虽然来得较晚，但也正以破竹之势向广电媒体席卷而来。背倚强大的资源优势，广电媒体能否借助这一波浪潮闯出转型发展的新路径，仍需拭目以待，但加速与市场化接轨，向市场化MCN机构学习，创新体制机制，是广电MCN奋起直追乃至弯道超车的必经之路。

【作者郑旭飞系东莞广播电视台全媒体新闻中心记者，
麦正阳系东莞广播电视台广告中心主任】

参考文献：

[1]克劳锐.2019中国MCN行业发展研究白皮书[R/OL].(2019-03-22).http://www.360doc.com/content/19/0322/20/224530_823456456.shtml.

[2]张军兵.净化网络直播环境,打造正能量主播秀:以扬州广播电视总台扬帆APP扬马主播秀为例[J]. 当代电视,2017(11):2.

[3]李盛楠.多地广电均在MCN机构上有所布局,能否红海突围?[EB/OL].(2019-10-19).https://mp.weixin.qq.com/s/-dpv-k2b86djbsDT6_GI-A.

[4]龙小略.MCN向左?APP往右?浅析广电融媒体创新趋势[EB/OL].(2019-09-13).https://www.sohu.com/a/340716852_720993.

融合实践案例

我国媒体转型案例综述

郭全中

引言

当外部环境和市场发生革命性变化时，任何企业成功转型的概率都不高，无论是世界500强还是国内领先企业莫不如此，媒体转型自然也不例外。对于传统媒体来说，1994年正式进入中国的互联网就是最大的颠覆性力量，尤其是2008年之后开始对传统媒体产生致命性影响。而为了应对互联网的挑战，传统媒体早在1998年前后就开始进行互联网转型，虽然整体来说效果一般但也出现了一些相对成功的典型案例。从理论上讲，媒体转型与其他企业转型相类似，面对互联网带来的颠覆性技术创新，企业数字化转型可以借鉴的理论主要有克莱顿·克里斯坦森撰写的《创新者的窘境》《创新者的解答》《创新者的基因》三部曲，以及李善友著的《第二曲线创新》等著作，这些专著中都进行了大量的失败与成功案例分析。需要着重指出的是，媒体转型更是一个实践问题，媒体作为国有单位或企业，相比于民营企业转型，面临着更为逼仄的体制环境和内部动力严重不足的困境，通过案例分析和研究，找出媒体转型实践中的应对之法和经验就更为重要。从某种意义上来说，媒体转型是个理论难题但更是个实践难题，案例研究就更有理论和实践价值，也希望相对成功的转型案例能对其他外部条件相似的媒体，在转型时给予较大的借鉴和复制价值。

一、媒体转型的五个主要阶段

媒体转型作为一项复杂的系统性工程，需要历经艰苦的探索才有可能成功，研究媒体转型的案例，核心和关键是人，相对成功的转型一般要历经五个阶段，且主要内容涵盖观念转变、组织变革、市场能力培育与升维的产品和服务等。

（一）一把手下决心转型阶段

我国传统媒体基本上都是国有事业单位或国有独资企业，这导致媒体转型不同于市场化企业转型，一则在于国有单位管理层和员工自主转型的动力和活力不足，绝大多数人希望“搭便车”，导致主动真正彻底转型的媒体不多，绝大多数都是“口号式转型”，并没有进行刮骨疗伤式的自我革命；二则国有单位或国有企业难以充分发挥市场的“不能用手投票就用脚投票”的倒逼力量，而只能依靠优秀的一把手进行强势推进。

在这个阶段，媒体的一把手深刻认识到外部环境发生了巨变，认可这种变化会给媒体带来革命性影响，同时认识到转型是件风险很大的工程，但愿意承担风险进行转型探索。在这个阶段，媒体一把手还要系统思考媒体自身所处的阶段、优势和劣势，进而选择更为适合自身的转型道路，一般来说，在媒体自身处于增速下滑但还有较高的净利润的时期转型，成功的可能性更大，一般把这个时间段称为“转型窗口期”，但这个阶段媒体全体员工普遍会认为自身不需要转型，这就是转型实践中常见的悖论“在不转型就死的阶段更容易推进转型，但该阶段基本上失去转型的时间窗口”。

从媒体转型案例的实践来看，优秀的一把手是媒体成功转型的前提条件，优秀的标准则是有能力、敢干事、愿干事。其中，有能力指的是懂战略、能协调、会配置资源、善用人等；敢干事是指有魄力去推动变革，而很多媒体的一把手畏首畏尾，没有魄力去推动变革；愿干事是指有决心和信心且愿意承担较大的风险和压力去扎实推进媒体转型。毋庸讳言的是，在现实媒体转型实践中，优秀的一把手极其匮乏，这也是我国媒体整体转型效果不尽如人意的核心原因，很大比例的一把手秉持得过且过的心态进行转型而不是进行彻底全面的转型，而一定比例的一把手虽然有转型的决心，但是由于能力欠缺而导致转型不顺。

（二）全员观念转变

媒体转型首先是观念的转变尤其是全员观念的转变，正所谓观念决定思路，思路决定转型效果。在一把手观念转变和下决心进行转型之后，就需要采取一系列措施进行全员观念的转变，例如培训和制定与宣贯新战略等等。

媒体转型作为系统性工程，涉及流程、利益的重新调整和分配，这牵涉到每一位员工的切实利益，由于路径依赖和对新事物的天然心理恐惧等因素的影响，绝大多数员工同时存在“本领恐慌”与“本领缺失”的现象，宁愿维持越来越差的旧业务也不愿试错拓展新业务。因此，媒体要实现真正转型，就必须破除员工的旧观念，用新观念来武装员工，进而帮助员工积极学习新知识和掌握新技能，助力全体员工有信心去转型。

（三）积极推动组织再造和精简人员

在互联网的冲击下，传统媒体“二次销售”的商业模式和盈利模式彻底坍塌，传统业务受到致命性冲击，在这种情况下，之前适应成熟业务和大规模业务的旧有组织模式已经不再合适，这就需要通过组织再造来匹配新的市场情况。

传统媒体在旧业务快速坍塌的形势之下，之前适应旧业务的人员队伍就会出现人员过多、能力不适应等突出问题，尤其需要指出的是，作为国有单位的传统媒体普遍存在数量不少的冗员，给本就营业收入断崖式下滑的传统媒体带来极为沉重的负担，这就需要通过妥善的人员安置措施来精简冗员，并通过招聘适合新业务的新人才来建立起精干高效的人才队伍。

媒体转型实践证明，组织再造的核心是彻底打破旧有组织架构、更大程度地分权，通过赋予一线员工更多的权力，有效激活员工的活力与潜力。在组织再造的具体实践上，主要有阿米巴组织、工作室、项目制等创新。

（四）积极拓展新市场

传统媒体在旧有成熟业务模式已经彻底被摧毁之后，就需要基于自身的优势和能力去拓展新业务和新市场，以寻找和重塑新核心业务。在拓展新市场时，关键要充分借鉴互联网的“不断试错、快速迭代”的经验，营造允许试错的相对宽松的文化氛围，基于用户痛点和市场需求积极进行各式各样的新探索。

新市场可以是各种各样的，既有完全To C（面向个人）的新探索，也有原有To G（面向政务市场）的创新升级，还有To B（面向企业）的产品与服务的升级迭代。

（五）打造升维化的产品和服务

媒体在经过多样化的市场探索之后，找出了若干个可能的产品和服务，但由于媒体的资源和能力有边界，需要淘汰发展潜力不大的产品和服务，重新锚定出自身的主营产品和服务。

重新选定的产品和服务具有如下特点：一是基于市场和用户的痛点，二是具有一定的规模和发展潜力，三是充分利用了互联网等新技术来提升服务能力。

二、媒体转型的评价内容

媒体转型的核心在于采取切实可行的转型路径，而转型结果则是转型路径的自然呈现，因此，要评价媒体转型效果，首先要评价是否全力推进了转型，其次要从转型成果进行评价，最后要对转型指标进行赋权。

（一）媒体转型评价的主要内容

第一，在转型路径评价方面。正如前文所述，媒体转型作为一项系统性工程，要从整体转型路径对具体的转型案例进行评价，转路径主要包括优秀一把手强力推动、全员观念转变、组织结构变革、市场化探索、成熟的产品和服务等五个阶段。

第二，在转型效果评价方面。从媒体转型案例实践来看，转型成果主要包括现代传播能力和商业模式与盈利模式再造，其中现代传播能力主要分为自主可控平台和借船出海两种方式，如果成功打造了用户数量众多的自主可控平台则商业模式与盈利模式的再造自然水到渠成，而如果是借船出海方式则不能达成商业模式与盈利模式再造。商业模式与盈利模式再造则分为基于信息传播的产品和服务与多元化探索的产品和服务，基于信息传播的产品和服务分为成功打造具有一定规模日活用户的自主可控平台与数据化服务转型，前者如芒果TV、人民日报客户端、央视影音、央视频、新华社发布、澎湃、封面、南方+、浙江新闻、齐鲁壹点、长江云等以及浙报集团、华数传媒、苏州广电、长兴传媒、江阴融媒体中心等智慧城市运营产品和服务，后者如南方都市报、南方财经全媒体集团的数据化服务等；基于多元化探索的产品和服务则是通过其他多元化产业赚钱来补贴采编工作，包括南方农村报、《廉政瞭望》杂志社等的垂直市场服务，电广传媒旗下的达晨创投、江苏凤凰传媒、浙报传媒、南方报业等的投融资业务，杭报集团、南方报业传媒集团、羊城晚报报业集团、浙江广电、河南日报报业集团、瑞安日报社等打造的各类产业园，河南日报报业集团、杭宝集团的教育产业布局等。

（二）媒体转型评价指标赋权

从媒体转型案例实践的评价来看，可以分为对转型过程与转型成果两方面的评价，由于扎实推进的转型过程比转型效果更为重要，前者所占的权重（60%）要比后者（40%）更多。具体见表1。

表1　媒体转型评价内容及权重表

评价内容		评价权重（100%）
转型过程	一把手强力推动	15%
	全员观念转变	15%
	组织结构变革	10%
	市场化探索	10%
	成熟的产品和服务	10%
转型成果	现代传播能力	24%
	商业模式与盈利模式再造	16%

第一，转型过程的一把手强力推动和全员观念转变更为重要。一把手的强力推动和全员观念转变是媒体转型的前提条件，因此，这两个评价指标的权重分别为15%、15%，其他三个评价指标所起的作用基本相同，所占权重都是为10%。

第二，现代传播能力的权重高于商业模式与盈利模式再造。国有媒体的核心功能是基于新闻传播的舆论引导能力，在单纯严肃新闻已经难以再造商业模式与盈利模式的情况下，绝大多数国有传统媒体可以通过借船出海来建设现代传播能力，而资金来源主要依靠国家直接拨款、财政补贴和各类变相的财政补贴，因此现代传播能力的权重为24%，高于商业模式与盈利模式再造指标（16%）。未来，可以预测的是，有相当数量的媒体可以具有一定的现代传播能力，但主要靠政府扶持来生存。

三、媒体转型案例的主要类型与特点

从转型案例实践来看，媒体转型主要分为现代传播能力建设和多元产业探索两个大类，现代传播能力建设又分为自主可控平台打造、数据化服务转型、借船出海等类型，多元化产业探索分为投融资、产业园区探索、教育产业布局、垂直领域服务商等类型。

（一）现代传播能力建设

传统媒体很早就开始基于互联网进行现代传播能力建设，互联网带来了PC互联网红利、社交红利、移动互联网红利、自媒体红利、短视频红利、直播红利等，而在现代传播能力建设方面取得较好成效的转型案例多获得了PC互联网红利、移动互联网红利、短视频红利等，在自主可控平台、数据化服务、借船出海等方面取得了不错的效果。

1. 自主可控平台打造

第一，PC互联网时代的自主可控平台取得了不错的成果。在PC互联网时代，在中央级媒体层面，转型较好的有人民网、新华网、央视网等，其中人民网、新华网已经成功上市；省级媒体层面，有东方网、千龙网、大众网、浙江在线、南方网、荆楚网等，其中东方网、荆楚网等在新三板实现了挂牌。但是在我国快速进入移动互联网时代之后，PC互联网时代的自主可控平台基本上没有及时抓住移动互联网的红利，丧失了向移动互联网客户端转型的机会。

第二，移动互联网时代的自主可控平台极少。2010年移动互联网带来了比PC互联网高一个数量级的红利，也成就了字节跳动、快手等新的互联网巨头，但是传统媒体打造的相对成功的自主可控平台极少，其中典型的案例主要有芒果TV（截至2020年8月，月活用户过2.2亿，日活用户过5000万）、人民日报客户端、澎湃新闻、封面新闻等。虽然芒果TV作为娱乐为主的垂直应用移动平台，与澎湃新闻、封面新闻等新闻为主的移动应用平台不同，但是都抓住了移动互联网的红利。此外，移动互联时代的自主可控平台具有如下共同点：一是都有优秀的一把手强势推动，全员完成了互联网思维的转变。芒果TV有湖南广电的吕焕斌台长等的大力支持，澎湃新闻有上海报业集团社长裘新与澎湃新闻CEO刘永钢的强力推动，封面新闻有四川日报报业集团总编辑李鹏的一手策划等。二是早期就完全投入移动互联网，实现了采编流程的再造。澎湃新闻直接舍弃了纸质版《东方早报》，封面新闻也以封面新闻客户端为主、《华西都市报》为辅；芒果TV也采取了独播等策略大力支持，相当于间接投入了数十亿元真金白银。三是都投入了大量资源。芒果TV、澎湃新闻、封面新闻等进行了战略性融资，这些资金能够帮助这些平台在移动互联网红利期以较低的成本获得用户。例如，芒果TV早期以独播方式投入的数十亿元获得了数千万的日活用户，而到了移动互联网红利消失殆尽的当下，需要上百亿元甚至几百亿元才能获得这个量级的日活用户。四是大力推进组织结构变革，打造了精干高效的人才队伍。芒果TV等都按照移动平台的要求设置组织架构，并实现人员的精干高效，借助于互联网等技术提升员工效率，每个员工贡献的价值远远高于之前的传统媒体。

2. 数据化服务转型

数据化服务转型主要包括数据智库、智慧城市运营等方面的转型。数据智库转型的典型代表有南方都市报、南方财经全媒体集团等；智慧城市运营主要有浙报集团、华数集团参与的杭州城市大脑，长兴传媒集团的慧源科技平台，江阴融媒体中心控股的大数据公司的智慧城市运营；此外，目前浙江省的宁波、台州等不少地方正在积极推动“城市大脑”建设。南方都市报的数据化智库转型案例特点如下：一是成立大数据研究院，推动组织结构变革和人才观念转型，核心是实现员工观念转变，激活人才活力与潜力。二是打破大锅饭式的平均主义，拉开薪酬差距，实现多劳多得、按贡献分配。三是彻底重构之前适应报纸发展的人才队伍和队伍素质，建立起适应互联网等新技术发展的精干高效的人才队伍。截至2020年底，南方都市报的员工只有800人，其中服务于互联网产品和服务的有550名，只服务于报纸的只有15人，这和之前动辄几千人的报纸人才队伍存在本质性不同。四是找准市场痛点，打造符合市场和客户需求的产品和服务。在转型早期，充分利用大数据和人工智能技术，为各地政府和机构提供能显著提升治理能力的产品和服务。经过近几年的辛苦探索，2020年，南方都市报总营收近5亿，其中新媒体新服务占比6成，利润超亿元，利润连续三年大幅增长，达到历史最好时期水平。从国内报纸互联网转型案例来看，南方都市报目前的营收和净利润额都处于领先水平。

在智慧城市运营方面，杭州等市的“城市大脑”建设及运营，核心是当地的主导媒体能够更容易地获得当地的政府数据资源，且当地政府把智慧城市运营主导权赋予当地的主导媒体，当然承接该项业务的当地媒体也应有足够的市场化能力承接该业务。在具体运作中，需要与技术领先的技术公司进行深度合作，单纯依靠媒体是没有这样的技术能力的。

3. 借船出海

现在绝大多数传统媒体都在采取借船出海的方式来构建现代传播能力，这种方式的关键在于转变为适应互联网的话语体系以及在掌握不同平台传播机制的基础上实现全渠道传播。对于绝大多数传统媒体来说，打造自主可控的信息传播平台基本上是一句空话，而借船出海无疑是完成传播任务的较优选择。

借船出海方式的优势在于：一是不需要自身打造平台，能够较好地避免过多的资源和资金投入，适合绝大多数实力不够的传统媒体；二是能够较好地弥补传统媒体传播力和影响力的大幅度下滑，目前传统媒体的传统广告投入很大部分依靠的是全渠道传播的现代传播能力，而不仅仅是传统媒体的传播力。

借船出海的劣势在于仅仅依靠借船出海方式，发展的天花板不高，不可能基于信息传播再造商业模式和盈利模式，需要政府拨款或财政补贴来实现自我运转，或者通过多元化产业探索来获取收入补贴新闻生产传播。

（二）多元化产业探索

对于绝大多数传统媒体来说，靠打造用户数量巨大的自主可控的平台来重构商业模式和盈利模式基本上不可能，这种情况下，除了拿到当地智慧城市运营的主导权，媒体转型还需要通过多元化产业探索来实现商业模式与盈利模式的再造，进而为媒体采编和日常运营工作提供较为充足的资金。多元化产业探索的关键在于充分利用体制性优势，以性价比更高的方式获取更多的稀缺性资源。

1. 投融资业务

第一，融资业务主要通过上市来打通直接融资渠道，以及通过引进战略投资者来解决资金问题。由于当下传统业务收入大幅度下滑且新兴业务的规模不大，以及监管政策趋严，传统媒体通过上市融资的难度越来越大。在引进战略投资者方面，由于有着一定的政策限制且民营资本尤其是基金等需要附上较为严苛的条款，引进国有企业资金而不是基金是较为合理的选择。

第二，媒体投资业务的核心是能拿到优质标的，传统媒体可以凭借国有背景和品牌优势获得一定的优质标的。在投资业务方面，典型代表是电广传媒旗下的达晨创投，其经验如下：一是较早进入创投领域，赶上了创业板市场开通等重大机遇，成功投出了很多优秀的上市公司；二是采取“专业的人办专业的事”原则，设立投委会等专业化机构，提升投资机构的专业化程度；三是进行一定的体制创新，尽可能地与市场化基金采取相近的体制机制，以提升人才吸引力。但整体来说，无论如何创新，国有媒体投资基金的激励约束程度以及灵活度都难以与完全市场化的基金相比，这也会在较大程度上影响其人才吸引力。

2. 垂直领域专业服务商

对于许多长期根植于某一专业领域的媒体来说，在所从事的领域沉淀了足够的资源、人脉等，成为本领域的智慧服务商是可行的转型路径。在这方面，南方报业传媒集团旗下的南方农村报社和四川日报报业集团旗下的《廉政瞭望》杂志社是其中的典型案例。

南方农村报社的转型主要经验如下：一是转型早、动作快、措施实，很早就启动报社的转型工程；二是通过阿米巴等组织结构变革，通过“干中学”等措施实现了员工观念的切实转变；三是员工积极到市场上进行各式各样的探索；四是通过不断探索，聚焦规模大、实力强的产品和服务，现在已经找到了新技术充分赋能的农业产业园区的发展道路。近几年，南方农村报社的收入和净利润一直保持增长状态。尤其在2020年疫情期间，通过直播电商等方式为广东省农产品带货，切实拉动了广东省农产品的网上销售，助力广东省农业数字化转型和健康发展，得到了社会各界人士的好评。

《廉政瞭望》杂志作为纪检领域的专业杂志，做好杂志的采编、发行以及新媒体传播等工作，品牌价值不断提升。在提升自身市场化能力的基础上，

《廉政瞭望》杂志通过全产业链的服务深耕专业市场，进行了专业场馆搭建、视频专业服务等产品和服务的探索，找到了增长潜力较大的行业培训业务，找准了市场需求和服务痛点，取得了良好效果。虽然受制于新冠疫情影响，2020年前四个月没有开展业务，但全年的培训业务收入超过600万元，净利润200万元左右。

3. 文化创意产业园区探索

传统媒体作为国有单位和文化创意产业的重要组成部分，一方面本身的办公场所具备再造成文化产业园区的基础，另一方面也有体制性优势，能以相对较低的价格获取土地等稀缺资源。目前，在文化创意产业园区方面，案例主要有华媒控股的产业园、羊城晚报报业集团的产业园、湖南广电集团的马栏山视频文创产业园、成都传媒集团的东郊记忆、重庆日报报业集团的文化创意产业园等。其中，重庆日报报业集团建成的西部唯一的国家级广告园区（国家创意公园），入驻企业628家，从业人数近1.5万人，已给重报集团累计创造收入15亿元，利润5.6亿元；园区2020年预计产值可达50亿元，利税5亿元，2020年重报集团实现收入4亿元，利润1.5亿元以上，并且全面启动重庆最大的城市提升项目T23时装小镇项目。

文化创意产业园区的运作要点在于：一是要以较低价格获取土地资源；二是媒体引进战略投资者，尽量以土地等资源入资，以轻资产等方式运作；三是以专业化能力培育相关产业生态，真正提升产业园区的附加值；四是引进专业人才或团队进行运作。

4. 教育产业布局

教育产业不但是有着良好发展前景的朝阳产业，而且是具有较高市场门槛的产业，这为传统媒体进入提供了较好的机会。在教育产业布局方面，河南日报报业集团旗下的河南传媒学院，杭州日报报业集团旗下上市公司华媒控股的控股子公司中教未来，以及该集团与南华大学战略合作转设的船山学院都是较好的教育产业布局。

此外，浙数文化、中文传媒等在网络游戏产业、大数据产业等领域进行了积极探索，很多传统媒体都积极进军会展业等产业。

结语

在技术依然处于快速变革期的当下，与传统企业的数字化转型一样，传统媒体的数字化转型和多元产业转型也一直在路上，较为成功的媒体转型案例能为其他媒体提供经验借鉴，但是也必须清楚的是，目前尚没有成熟的转型路径，正所谓媒体转型只有进行时而没有过去时，现在的经验和做法也许会快速过时，具有创新能力的人才队伍和快速迭代能力才是媒体转型的不二法门。

【作者系中央民族大学新闻与传播学院教授】

参考文献：

[1]郭全中.中国传统媒体深度融合转型的新进展及其思考[J].新闻与写作,2020(11):69-75.

改机制，促融合

——广东广播电视台工作室改革多维解读

黄耀华

自2016年3月启动工作室改革开始，广东广播电视台先后成立了五大工作室。近期，笔者选取黎婉仪财富管理工作室、马志丹工作室、陈星工作室等三个具有代表性的工作室进行了调研。这些以台内知名制片人、主持人等业务精英名字命名的工作室，在享有相对灵活的运作机制的基础上，大胆创新，在一定程度上突破了传统体制的束缚。经过一年多的运作，工作室的实践充分体现了机制创新所带来的积极效应。更为关键的是，各个工作室的个性化探索有力地促进了广东广播电视台的媒体融合实践，为今后的媒体融合探索积累了宝贵的经验。

一、工作室改革响应了媒体融合的时代要求

2016年2月19日，习近平总书记提出媒体融合要尽快从相加阶段迈向相融

阶段，并强调融合发展的关键在融为一体、合而为一。如何才能做到真正的相融？国内的传统媒体从不同层面进行了探索，包括开发新媒体产品、重构内容生产流程、建设“中央厨房”等等。业界实践对体制机制改革在媒体融合中的积极作用似乎认识不够，因此也鲜有成功且可复制的改革举措涌现。合适的体制、机制可以激发生产力核心要素——人的积极作用。媒体融合时代实际上是传统媒体的生产关系面临严峻挑战和变革的时代，融合不仅仅局限于媒介形态的融合，在体制机制上也要实现相应的融合，这个层面的融合会极大地推进媒体融合的进程。

《人民日报》2017年1月5日刊发的文章《深度融合　构筑媒体新版图》指出，“从你是你、我是我到你中有我、我中有你，再到你就是我、我就是你，要真正实现融为一体，合而为一，关键是体制机制的突破，核心是人的融合”。因此，只有从体制和机制上进行突破，才能实现人的融合，才能有效推进媒体融合。数十年来，广电改革一直在持续进行，对于改革的难度、改革的广度以及改革的深度，业界都深有体会，尤其是在体制机制改革层面。可以说，广电改革如果脱离体制和机制的改革，其成效将会大打折扣。尤其是传统广电媒体身处媒体融合这一时代背景下，体制机制的改革尤显关键。广东广播电视台勇于回应时代的要求，在三台整合之际成立了改革办，大力推进台内体制机制的改革。其中，工作室机制的改革就是广东广播电视台改革办在张惠建台长的领导下具体推进的一项重要改革举措。广东广播电视台期待通过工作室机制的改革，切实有效地推进媒体融合的步伐。

工作室的改革得到了原国家新闻出版广电总局宣传管理司和广东省委宣传部的高度重视和大力支持，时任广东省委常委、宣传部部长慎海雄和国家新闻出版广电总局宣传管理司司长高长力先后来到广东广播电视台调研工作室运作情况。每次工作室的研讨会，慎部长都亲临现场听取意见并做指导，体现了在顶层设计层面对体制机制改革的高度重视。事实上，早在2004年，原广东电视台在张惠建台长的指导下就设立了马志丹工作室，经过多年的实践，积累了宝贵的经验。在媒体融合的大潮下，广东广播电视台从顶层设计的高度展开工作室改革，揭开了以机制改革促融合发展的大幕。

二、工作室改革推进了广电媒体供给侧结构性改革

2015年，习近平总书记强调推进供给侧结构性改革；2017年10月18日，习近平总书记在党的十九大报告中进一步强调深化供给侧结构性改革。对于作为内容产业链中重要一环的传统广电，供给侧结构性改革也是其改革的重要领域。

传统广电自改革开放以来，在电视覆盖率、内容的生产能力以及频道频率的数量上取得了长足的发展，但是与诸多经济领域一样，广电内容的供给与广大受众的需求之间存在不平衡和不充分的现象。集中体现在频道频率的重复建设、内容的高度同质化以及娱乐化内容的过度供给等等。因此，积极推进供给侧结构性改革也是广电媒体义不容辞的职责。

广东广播电视台三个工作室的内容生产涉及纪录片、财经、粤语方言文化传播等多个层面，各工作室在不同层面抓住了用户的需求，并力求在提升用户的满意度上优化内容的供给。其中马志丹工作室的纪录片生产实践，突出体现了广东广播电视台扭转当下过度娱乐化所导致的内容供给失衡态势的决心，同时也彰显了主流媒体的责任和担当。马志丹工作室生产的《我们的青春》系列纪录片得到了原国家新闻出版广电总局的高度评价，获得了高起点、高品质、高收视的“三高”评价，也为广大受众特别是年轻人提供了昂扬向上的能量源泉。其代表作品《追梦在路上》系列片也备受各界认可，荣获国际级、国家级、省级奖项共计39项。马志丹工作室通过打造一系列优质的现实主义题材纪录片，奠定了行业地位，为国内同行提供了将弘扬主旋律与社会主义核心价值观的纪录片做得叫好又叫座的典范。

工作室的供给侧改革还体现在内容供给渠道的“互联网+”实践上。慎海雄部长评价黎婉仪财富管理工作室：“在传统广播内容方面不断创新突破，通过‘互联网+金融’的模式，创造了一种新颖的，在时政新闻之外的传媒应用模式。”在采访黎婉仪的过程中，我们感受到了在风云变幻的媒体融合大时代中，一个充满自信和电视情怀的传统媒体人的互联网化生存状态。她正在努力讲好一个有关财经内容生产平台的故事，期待吸引更多的风投资本注入这个平台；目标是扎根本地，辐射华南，影响全国，打造一个引领个体财富从零到无限大、全行业垂直覆盖的财经平台。陈星工作室在国庆和中秋节期间，推出了“中秋方言诗会”“战方言游广东H5小游戏”及“逗萌方言明信片”三款新媒体互动产品，并以其垂直性、知识性、贴近性和趣味性，在众多中秋主题推送中脱颖而出，取得了良好的传播效果。马志丹工作室鉴于《人在他乡》在观众中的广泛影响力，准备启动网络版《人在他乡》项目，继续高扬起人文关怀的大旗，记录中国社会发展进程中的人的命运；另外还储备了10部纪录电影，准备尝试院线的融合。

三、工作室改革强化了传统媒体与产业、资本对接的能力

传统广电媒体近年来面临广告经营下滑的趋势，同时在与行业外新媒体企业的竞争中也未能展示自身的专业优势，究其原因，不仅有体制机制的束缚，也有与产业及资本对接能力薄弱的关系。工作室改革通过组建公司、与公司一体化运营的方式，打开了产业与资本对接的通道，让传统广电内容产业找到了快速发展的杠杆。

与黎婉仪财富管理工作室一体化运作的广州珠江财讯传媒有限公司成立后，就引进了战略合作伙伴——辰海资本。辰海资本合伙人认为，黎婉仪工作

室已经完成广播电视业务的全覆盖，正在探索通过广播电视的引导作用，在金融这个有巨大市场潜力的垂直行业当中塑造影响力，同时积极尝试新媒体手段；并指出，辰海资本与广州珠江财讯传媒有限公司进行合作有很强的示范效应，为民营资本进入广电媒体，塑造新一代媒体集团的想法提供了资本参与的可能性，也给了广电人市场化尝试更平稳的过渡空间。同时，通过公司一体化运作，黎婉仪财富管理工作室已开始主动出击，展开跨地域、跨行业的资本运作。对于马志丹工作室而言，虽然没有实行公司化运作，但是随着工作室品牌的打造，已有众多资本看到了潜在的获利空间，向马志丹发出了合作的邀请，可见马志丹工作室也具备了与产业、资本对接的能力和条件。马志丹坦言，到2016年年中马志丹工作室已到达了切入产业发展的风口和黄金时期，如果实行公司化运作，建立20人规模的主创队伍，可以实现年创收5000万元的目标。

四、工作室改革激发了体制机制的红利价值

慎海雄部长在黎婉仪财富管理工作室研讨会上强调，新闻媒体要始终践行新闻舆论工作者的使命，推动媒体融合发展，向机制体制要红利。的确，传统媒体在媒体融合实践过程中，往往试图通过体制机制的改革来寻求突破，获取红利，但是我们在遇到困难的时候也不能忽略原有体制机制所积累的红利。

面对新媒体企业的飞速发展以及对传统媒体的激烈冲击，相当一部分传统媒体从业者妄自菲薄，不能正视自身的优势和专业价值所在，选择了逃离本行业而投奔新媒体企业。正如辰海资本合伙人认为的，传统广电媒体由于没有解决激励问题，导致很多优秀的广电人从熟悉的环境中离开，优秀广电人的红利也因此没能被培养他们的机构所分享。广电媒体作为党和政府的喉舌，所拥有的公信力是现有体制和机制所赋予的，也是广电媒体长期以来恪守马克思主义新闻观、坚持正确的舆论导向所造就的，这正是体制和机制带来的红利。同时

广电媒体与时俱进地进行体制机制改革，也会带来生产力的解放，带来新的红利。广电媒体在媒体融合的过程中要重视和用好已有体制机制的红利，同时也要通过体制机制创新来获取新的红利。

从目前设立的工作室看，工作室的负责人都对广电媒体以及自身价值具有高度的认同和自信。他们善于依托广东广播电视台的公信力和丰富的媒体资源，同时善于充分利用自身的专业素养和专业价值，并以此来吸引和对接外部资源。与黎婉仪工作室一体化运作的广州珠江财讯传媒有限公司能够吸引民营资本加盟及参股域外公司，体制机制红利的作用不可忽视；同样，陈星工作室发起成立岭南方言文化传承保护中心和方言博物馆，也享受了体制机制的红利；因为有体制和机制所带来的公信力的背书，马志丹导演坦言现在项目不愁、经费不愁，一扫工作室成立之前四处找项目、找经费的窘况。

五、工作室改革彰显了广电人的广电情怀、提振了广电人的自信

工作室改革是在媒体融合的大背景下进行的，传统广电遭遇新媒体蓬勃发展的挑战，媒介生态被重构，传统广电人的心理也经历了难以估量的冲击，对传统广电的前景持怀疑态度的人并不在少数。在这样的背景下推进媒体融合，广电的情怀与自信尤显宝贵。

广东广播电视台工作室选择的领军人物都彰显了广电人的情怀和自信：

马志丹在33年的职业生涯里，一直致力于纪录片的创作和正能量的传播中。从近年获得的一份份成绩单上可以发现，她担任了差不多70%—80%纪录片作品的完全导演或撰稿人，但她既不觉得苦，也不觉得沉重，这是因为出于对事业的喜爱。同时她对那些提了监制或副监制就脱离业务一线的同志深感惋惜，因为脱离业务一线，等于将自己悬空和搁浅，如何能做到“打铁必须自身

硬”呢？

黎婉仪从事广播工作近30年，“把工作做得更好”的信念一直推动着她前进。职业生涯出现天花板之际，出于对广电事业的喜爱与情怀，她也不愿离开广电行业，而是通过尝试不同的节目和栏目来不断突破自我。在工作室成立之前，基于对传统媒体核心竞争力的认知，以及对自身和节目价值的认同，黎婉仪以一个传统媒体人的身份干了一件极富互联网精神的事——众筹《风云再汇》的节目经费。她以她的广电情怀和自信为背书，向忠实的粉丝做了再陪十年的承诺，最终88万元的节目经费众筹成功，开办八年之久的《风云再汇》得以继续它精彩的互联网化生存。通过试水众筹，黎婉仪证明了体制内广电人的价值，更增强了她在媒体融合实践中的信心。在工作室及公司一体化改革的过程中，她选择了保留自身事业单位工作人员的身份，这既是一种广电情怀的体现，也是为了证明体制内的人可以像体制外的人一样在媒体融合时代施展他们的才华。

对于陈星而言，广东的粤语方言文化与南方卫视频道给她提供了施展才华的沃土。她坦言要做好工作室工作，首先要具备热爱所从事事业的情怀。她坚信在做好推广普通话工作的前提下，保护传统语言文化的传承具有特别重要的意义，也只有这样才能面向全球华人讲好中国故事。

工作室领军人物身上的广电情怀和自信，让我们在媒体融合的大潮中看到了希望。工作室的改革就是要让更多这样的人才涌现，激发全台员工的创新和创业激情。

六、工作室改革彰显了轻资产运营模式在互联网时代的重要价值

广东广播电视台的工作室改革，以创新和创业为中心，重视挖掘优秀人才

个人或团队的品牌价值，重视内容生产的高效，重视与资本的对接及其杠杆作用，这些特点与互联网时代的轻资产运营模式相契合。

“所谓轻资产，是相对于占用大量资金的重资产而言的，包括企业的经验、规范的流程管理、企业品牌、客户关系、人力资源等……相比较重资产，上述资产占用资金较少，显得轻便灵活，所以称为轻资产。换言之，即智力资本以知识及其管理为核心，构成了企业的轻资产。”轻资产运营强调在资源有限的条件下，以杠杆原理充分利用各种外界资源，减少自身投入。在移动互联网时代，轻资产运营尤其强调通过资本的撬动作用来快速提升自身的盈利能力。“轻资产运营是一种以价值为驱动的资本战略，是网络时代与知识经济时代企业战略的新结构。”

经过一年多的实践，广东广播电视台各个工作室呈现了积极的改革效应：业务创收显著增长、媒体融合多点突破、创业创新热情激发、品牌效应凸显、资本撬动成效初现。工作室运作为广东广电在媒体融合实践中的改革提供了一个积极的范本。事实上，广东广播电视台的工作室改革也是时代的产物，它符合移动互联时代改革创新的精神。“互联网+”的快速发展，为普通人提供了更多的创新创业机会，也让更多的普通人拥有了创新和创业的想象空间和广阔的才华施展平台。也正是在这样的大背景下，李克强总理发出了“大众创业、万众创新”的号召。广东广播电视台的工作室改革回应了时代的召唤，它的示范效应将激发更多的优秀人才投身到工作室的改革实践中去，我们期待广东广电形成全员创业的新局面，从而更高效地推进媒体融合实践。

七、结语

传统广电媒体身处媒体生态大变革的时代，我们在响应党中央媒体融合号召的过程中，要充分理解体制机制改革在媒体融合、媒体转型中的重要意义。

我们不能迷失于“互联网+”给我们带来的技术层面的巨大冲击之中，而要保持清醒，高屋建瓴地把握时代的要求与自身行业的特殊规律，深刻地把握人作为生产力发展核心元素的要义。我们只有不断革新束缚生产力的生产关系，才能取得发展，媒体融合在这个意义上就是一个重构生产关系、激发新生产力的过程。

因此，在实践媒体融合的过程中，广东广播电视台的工作室改革把握了改革的要义，是符合媒体融合精神的一种改革举措，尽管目前它还不尽完善，但是在工作室运作的实践者和改革的设计者、推进者的互动下，它将不断完善，并进一步激发进广东广播电视台在内容产业的内生发展动力，进一步解放生产力，有力地促进广东广电的媒体融合实践向纵深推进！

【作者系广东广播电视台发展研究部副主任】

参考文献：

[1]赵婀娜.新闻媒体融合发展:从相“加”到相“融”[EB/OL].(2017-10-13).http://www.xinhuanet.com/zgjx/2017-10/13/c_136676415.htm.

[2]360百科.轻资产运营[EB/OL].https://baike.so.com/doc/5932047-6144976.html.

广东台爆款“出圈”，舆论场唱响主流声

黄天文
刘　冬

2021年是全面开启“十四五”新征程的第一年，也是中国共产党成立一百周年。在2021年的全国两会报道中，广东广播电视台紧紧围绕习近平总书记重要讲话精神和两会议题，精心组织宣传报道和融合传播，深入解读政府工作报告，加强“爱国者治港”宣传报道，锐意创新、融合攻坚，通过短视频、可视化、文图动态、虚拟现实技术等手段，实现了个性化生产、可视化呈现、互动化传播，融媒创新成果在此次全国两会报道中得到了充分运用。

截至3月11日，广播电视共播出两会新闻稿件1309条次，总时长约3167分钟。触电新闻共集纳发布两会相关稿件1.25万条，全网累计阅读量破1.7亿。全程全息全员全效的“全矩阵”融媒实践使两会报道传播实现了精准触达、多元覆盖，让主流声音直抵人心、深入人心，牢牢把握了新兴网络舆论话语权、占领了网络传播主阵地，为广东“十四五”开好局、起好步，迈向高质量发展新起

点，奋力谱写全面建设社会主义现代化国家的广东篇章提供强大的舆论支撑。

一、部署转型，阵地转型，“云采访”夺尖兵创纪录

广东台提前转型部署，将“阵地”搬到了“云”上，克服特殊情况下的采访困难，不仅没有少采漏采一个热点，还破纪录地完成了超百名代表委员的采访，推出百条高质量报道，在省级媒体中名列前茅。

在开幕前，团队提前了解安排，通过电话约访和书面材料提请省人大、省政协协助等形式，及时跟踪重点代表委员的行踪，了解他们的心声。在全国两会各重要时刻及时跟进，取得“新闻大战”的主动权。

由于策划得体，报道及时，广东台在全省162名参与代表和60名参与委员中，通过云采访、面对面采访、视频约访等形式破纪录地完成了对其中75名代表和35名委员的采访，制作超过70小时的视频素材，在《广东新闻联播》推出代表委员相关报道近百条，时长近300分钟。

二、思想转型，观念转型，“活语态”令重大主题报道焕发生机

传统的两会报道语态已不能完全适应目前融媒体内容产品的生产与发布。广东台在此次全国两会报道中，主动设置议题，在重点时段重点栏目推出多个有特色、新闻性强、回应社会关切的专栏报道。广东卫视《广东新闻联播》《晚间新闻》、珠江频道《珠江新闻眼》《今日关注》、新闻频道《今日焦点》、南方卫视《今日最新闻》、经济科教频道《今日一线》等9档电视新闻栏目以“走在全国前列、创造新的辉煌”为主题，推出“聚焦全国两会”专栏，并以两会特别演播室等多种创新性报道形式，追踪两会热点。

这些节目不仅打破常规编排，突出主题主线，还注重体现融媒体优势，以“活”字为抓手，全力探索新时期下电视时政新闻的新语态，在权威、准确的基础上，节目形式全面创新，让新闻产品呈现无限生机和活力。

《广东新闻联播》的“两会云对话”，内容既保持了主流媒体权威性的自有优势，又不失“活语态”的生动性。

《晚间新闻》则打通主屏主要版面，充分利用网友们喜闻乐见的新媒体元素，做深、做活全国两会报道。“两会热词”形态与“微博热搜”有异曲同工之处，通过大屏动画和数据新闻的形式，梳理两会政府工作报告、代表委员发言备受关注的言论。

“‘漫’评两会”用手绘漫画作为新闻入口，联动主持人、代表委员、新华社评论员和网友反馈，深度剖析两会热点话题。小屏先行，大屏延伸，打造全媒体形态传播的新闻产品。

《今日最新闻》在新浪微博端原创发起“代表委员最金句”话题，每天搜集热点的代表委员建议、提案、议案，以“图片+文案”的方式及时进行传播。一共制作了34张精美的海报，丰富了两会报道的形式，充分延伸了栏目版面、品牌影响力，在两会期间该话题共获得10万+的阅读量。

三、采编转型，管理转型，“工作室”培育爆款沃土

近年来，广东台以融媒体工作室为主要阵地，培养了一批懂信息传播、懂用户体验、懂互动交互的互联网基因人才，不断提升在新媒体平台的影响力。本次两会较去年有更多工作室加入战队，广东台电视新闻中心旗下17个工作室打造了《快看两会》《两会天天评》《两会“云”对话》《代表委员们的朋友圈》《漫评两会》《数动两会》等融媒产品。

工作室的运行框架，突破了传统的采编模式，极大地激发了创作活力。

系列产品共享资源、集中统筹，最大程度强化工作室个人风格、独家创意，在以“人”为中心的制作理念下，频出“爆款”，例如曾超财经工作室的《两会“云”对话》采访了全国人大代表董明珠，其在抖音单条播放量过700万。小强政论工作室的快评《教育的真谛是什么？孩子只有分数，赢不了未来的大考！》获得292万次播放。

数据可视化工作室推出的原创三维数据动画《数据动画：数说2021年政府工作报告》，使用最新的渲染引擎完成制作，聚焦政府工作报告里提到的重要数据，将亮眼的成绩与中国各个地标场景相结合，创新地展现了2020年中国在各个领域的成就，以及2021年工作目标任务，在触电获得32万阅读量。

再如工作室孵化的原创小剧场竖版短视频“两会‘懿’民生”，小剧场结合两会期间代表委员建议和相关热点，推出了《职场父母的一天》《广东夫妇给娃算学费》《如何花样哄老婆》等作品，涵盖了代表建议退休独生子女父母落户并享有同等社保医保待遇、国家卫健委采纳往届人大代表建议在全国增设普惠性托育机构、广东通过吸纳贫困学生就读及培训贫困人口就业帮助了很多家庭等内容。风格轻快接地气，内容唱响主旋律，在轻松的观看氛围中，普及惠民措施、传递正能量。

四、传播转型，合作转型，新矩阵刷屏“朋友圈”

为了提高此次全国两会报道的传播力、影响力，广东广播电视台在新闻的发布、推广、互动、反馈等全流程进行了全方位的流线设计及策划安排。广东台与学习强国、新华网、央视频以及广东省各级融媒体中心近百家媒体展开联动，还开辟了地市全国两会报道工作室，邀请了包括广州、深圳在内的全省21个地市广播电视台骨干采编人员共21人赴电视新闻中心，与中心两会报道后方团队一起全情投入全国两会报道中。

全国两会期间，广东台在旗下各频道、触电新闻移动客户端、粤听客户端、荔枝网均开设版面辟出时间段重磅推出全国两会专题或全国两会专属频道，实现全员融合、全屏互动，组建阵容强大的全国两会报道媒体朋友圈。触电新闻APP联播频道对全国两会报道采取全新的版面进行内容呈现，选用更直观的“一图知”方式展现内容，内容划分更清晰，有限版面展现的信息更多元，视觉冲击力更大。

触电新闻与央视新闻新媒体、广东台电视新闻中心及各地记者站、港澳媒体合作推出72场新媒体直播，带网友们全程全方位直击2021全国两会，全网点击量2405.5万。

触电新闻与广东台香港记者站、广东台在广东省内的9个记者站、香港中通社、澳门有线台通力合作，并联合学习强国、新华网、央视频以及广东省各级融媒体中心近百家媒体，共同推出大型融媒联动直播项目《湾区的春天》，从2021年3月6日至11日，连续推出11场直播，海陆空多角度呈现11个湾区城市的迷人春色、文化旅游的丰富资源、乡村振兴的喜人成果以及科技创新的蓬勃力量。截至3月11日，全网总浏览量2000万。登上新浪微博肇庆、江门、惠州、珠海的同城热搜榜。

触电新闻联合广东县级融媒体中心发起互动征集“未来五年我希望”，对当下不同领域、具有流量、有号召力的人物进行海采，通过“@五年后的自己”的方式，集中展现人民对美好生活的向往。

依托5G+AI融合新闻生产平台，电视新闻中心首次搭建省内统一的全国两会新闻供稿中心，向央视和省内其他主流媒体供稿，实现“双向服务”，整合资源，共享多赢。至截稿，广东台为地市台提供多方连线录制共17场，地市台使用北京回传素材制作新闻发回地市电视端近160条。

不同媒体圈打造成一个“朋友圈”，全方位、立体式、多平台传递两会好声音，让亿万受众全面感受两会盛况，共享“融媒盛宴”。

五、技术转型，制作转型，智能新技术助力实现全程、全息、全效

此次广东台技术团队通过5G、AI、云服务等技术应用，实现北京、广州两地全面贯通、协同生产。两会期间，共回传素材220条，约5000分钟，云采访31条共约900分钟，AI处理370条共约3800分钟，为克服隔离措施限制，对全国两会进行全方位、多媒体的宣传报道提供了坚实的基础。

作为演播录制和互动通联的基础平台，新建成的融媒演播室完成了6期“两会云对话”板块内容的制作，以5G低时延传输和“云会议系统”技术，突破了广州和北京两地图像声音互传的速度瓶颈，把代表委员们的画面及时投影到现场的屏幕，向观众呈现广州主持人与北京嘉宾“零距离”面对面的交谈。

此次广东台全国两会报道硕果累累，《广东新闻联播》位列“2021全国两会省级新闻联播泽传媒总指数榜”第1名，触电新闻夺得“2021全国两会省台APP泽传媒总指数榜”第1名。广东台融媒以更强的传播力、引导力、影响力、公信力，交出了全国两会报道“大考”的精彩答卷。

【作者黄天文时任广东广播电视台电视融媒中心主任，
刘冬系广东广播电视台电视融媒中心编辑】

“三个创新”推动融合向纵深发展

傅群山
郑敏璇

以新闻客户端为依托打造新媒体平台，促进流程改造和原创精品生产，积极拓展渠道、探寻盈利模式，破解人才和资金难题，触电新闻依靠技术创新、业务创新、机制创新推动媒体融合向纵深发展。

2016年12月30日，由广东广播电视台自主打造的新型主流媒体平台——触电新闻客户端（以下简称触电新闻）上线，它是以广电资源为主的视频资讯聚合分发平台，通过自主研发的智能推荐技术、提供千人千面的用户体验，用技术赋能主流价值。

截至2019年5月，触电新闻客户端累计下载量6023万，日均活跃用户391万，聚合3万多家合作伙伴，其中，“触电号”近700个，广东省的21家地市电视台集体入驻，与全国156家电视台达成合作关系。

一、技术创新：打造自主新型融媒平台，提升融合发展核心竞争力

（一）打造触电新闻客户端，促进融媒体生产

互联网技术是决定新媒体产品核心竞争力的重要因素，也是广播电视发展新媒体的一大短板。为了补齐这一短板，广东广播电视台以触电新闻项目为依托，建立起一支200余人的互联网团队，打造了包括融媒体生产系统、互联网传播平台、舆情监测分析系统、数字化营销系统等在内的一整套拥有完全自主知识产权的触电新媒体平台。截至2018年底，触电新闻获得专利5项、计算机软件著作权35项，将用户数据、网络意识形态工作管理权牢牢掌握在自己手中。

正是基于以上技术优势，触电新闻针对广电行业特性，对批量短视频生产、优质内容直播和地方资源汇聚等各方面进行了全方位优化，形成全效媒体平台，行业影响力不断提升。

（二）打造“广东融媒共享平台”，推动县级融媒体中心建设

广东广播电视台是广东第一家县级融媒体中心省级技术平台“珠江云”的承建方之一，核心技术自主研发。目前，触电传媒已开发完成了采集端、制作端、分析端和客户端的融媒全流程整体平台和全媒体舆情管理系统，构建了平台SaaS云服务集群，导入配套生产、分析、定制、协同、运营等服务的平台服务工具集，搭建了符合国家三级等保要求的融盾安全体系。截至2019年5月30日，已和省内55个县、16个区对接关于县级融媒体中心建设事宜。触电新闻建设的省级平台，自主可控，最大限度保证了数据安全和信息安全，

有助于党管新媒体、党管大数据，也有利于扩大主流媒体的影响力，打造区域新型主流媒体。

二、业务创新：以触电新闻促流程改造和原创精品生产力

（一）再造采编发全流程，增强主流媒体舆论影响力

创新内部采编发模式，积极推动“先网后台”。以“触电号”的形式将采编权、首发权下放给台内各栏目的记者和编辑。内容优先从移动端发布，实现海量专业内容的快速汇聚，带动传统媒体记者转型为全媒体记者。第一时间发布主流权威声音已成优势。

2018年9月16日，强台风“山竹”正面袭击广东。广东台充分发挥新型主流媒体的传播优势，50路记者奔赴一线采访，布局移动优先，在触电新闻的融媒报道中涌现了一批符合新媒体传播规律的“爆款”，3亿人次关注触电新闻“山竹”报道，为广东省防御台风及有效复产提供了强有力的舆论支持，在众声喧哗中发出了主流媒体最强音。

广东台时政部记者利用其“触电号”，全网首发短视频报道《李希赴阳江督导检查台风“山竹”防御工作》《关于切实做好今年第22号台风“山竹”防御工作的紧急动员令》等，权威快速传播省委、省政府的相关部署，并密集发布权威预警和辟谣信息300条次，肩负起主流新媒体平台的责任和使命，主动引导，缓解公众恐慌情绪。

台风登陆时，广东台深圳记者站记者何聪在触电新闻发布短视频《险！深圳一大厦21楼玻璃幕墙被台风吹落！记者现场报道时又遇玻璃从天而降！》，当天全网点击量突破千万，成为“爆款”。

以重大主题宣传为契机，加大跨界合作和分发传播力度。2019年全国两会期间，广东广播电视台与广州地铁跨界合作，开通“有你，广东更好”全国两会“民意地铁”特色融媒产品，为广大市民与全国人大代表、政协委员搭建了一个沟通平台。搭上这趟“专列”的市民只需拿出手机扫一扫主题车厢中的二维码，进入主题H5，就能参与十大民生话题的投票或留言。广东台派出最强“时政网红”阵容，针对市民关注的热点和H5的参与情况，通过图文、视频、虚拟现实、漫画、大数据、访谈等多种形式与受众进行互动，并采访代表委员，有部分代表委员递交了相关议案提案。该主题地铁专列在广州地铁1号线共运行1个月，超过15万人参与H5投票，相关报道点击量5200万，触达2.5亿人次。

触电新闻还积极联合合作媒体扩大内容影响力和覆盖面。如港珠澳大桥正式开通的报道，有82家合作媒体分发了触电新闻的海陆空网络直播。

创造性地开发不同形态的融合作品。2019年全国两会期间，尝试全员参与，触电新闻努力打造全息媒体、全程媒体、全效媒体，2600条相关报道获全网2.4亿点击量。其中，广东台十多名“主流网红”运用全息媒体手段打造多档原创融合精品栏目，全网总点击量7404万。创新专栏《两会“懿”民生》用“小品剧演绎+热点解读+代表委员采访”的方式，解读两会民生热点。用虚拟现实打造的《超级会客厅》，把演播厅设在代表身边，发出两会好声音，并使用5G直播手段回传内容。《95后开辩》聚焦年轻人朋友圈关注的热点，采用大学生辩论的方式，以90后的视角分析年轻人关注的话题，吸引更多年轻人关注全国两会。

（二）构建原创内容矩阵，全方位提升网络传播力

短视频已成为各媒体抢占流量的第一战场。广东台成立触电新闻短视频制作孵化中心，孵化专业短视频IP。原创短视频IP有《现场》《触电消费质量报

告》《我们都是追梦人》《时代》《热点追踪》《舆论场》《乐派》《触电大咖说》《小强观察》《超级访问》等，原创短视频数量达两万条，播放量累计达10亿，多条短视频平台播放量超百万，多次上榜央视客户端突出表现榜播放量前三，多条短视频全网播放量过千万。

短视频制作孵化中心不断创新正能量主题产品。其中，2019年元旦起推出70集《我们都是追梦人》短视频系列，讲述70个“脚下有泥、心中有光”的故事。同年6月16日，推出的《父亲节：儿时的飞行梦，这位爸爸用“超能力”实现了》，讲述了某科技公司创始人赵德力克服各种困难，冒着生命危险不断尝试，把飞行梦想做成事业，在载人飞行器方面闯出一片天地的故事。这是该系列短视频的第23期节目，推出当天，即在央视新闻+、新华社、今日头条等平台分发，全网点击量近40万。

三、机制创新：破解人才和资金难题

触电新闻的快速发展，得益于大胆进行机制体制创新和走市场化的产业之路。

改革体制机制，加强人才配备。为推动新媒体业务做大做强，广东广播电视台专门成立了触电新闻的运营公司，通过公司化运作建立起完备的互联网人才队伍，95%的人员是通过市场招聘而来或者从知名互联网企业引进。触电团队部分成员先后获得“广东省紧缺全职人才”“广东省青年文化英才”等荣誉称号。

积极拓展渠道，探寻自身盈利模式。触电新闻通过多种渠道发力，形成融合策划整合营销模式，率先实现流量转化，于2018年第四季度成功接入4A广告，逐步生成“内生”资金发展动力。

谋求资本力量，助推产业发展。触电新闻的快速发展，也引起了资本市场的极大兴趣，给其市场融资提供了条件。触电新闻将争取完成A轮融资，并用2至3年时间成为广东广播电视台第二个上市板块。

【作者傅群山系广东广播电视台电视融媒中心总编辑，
郑敏璇系广东广播电视台触电新闻总编辑】

电视数据新闻实践的探索和路径再造

——以广东广播电视台数说今日工作室为例

张　璇

引言

通常认为，数据新闻包括“数据挖掘—数据分析—数据可视化”三大流程，新闻工作者通过爬取、清洗、整合和分析大体量的数据文本，再通过交互地图、信息图、3D动画等视觉形式对数据进行可视化呈现。借助于大数据技术赋能，这些庞杂、海量、枯燥的数据背后隐秘的逻辑和规律得以悉数呈现出来。海量数据的加持不仅从量的层面打开了中观、宏观的新闻叙事维度，也具有描述、判断和预测趋势的功能。

自从2009年英国《卫报》开创了“数据博客”，各类媒体便先后开始数据新闻的探索，财新、网易便是国内数据新闻领域中的佼佼者。相较于门户网站、传统纸媒，电视台在数据新闻的实践探索相对滞后，而与前两者的媒体特性不同，电视台的数据新闻探索更加强调数据新闻的动态呈现，交互性更强，以期在媒体融合实践进程中实现“大屏+小屏”两端联动，因而需要更强大的技术支撑。目前，5G技术具有高速率、低延迟、低功耗的特点，将为电视台发力数据新闻的视频化、提升互动机制提供更多机遇，数据新闻也或将成为5G时代新闻生产场域中愈加显著的新闻形态。

可视化数字工作室作为广东广播电视台新闻中心21个工作室中的一个，成立于2020年12月1日，依托广东广播电视台和触电新闻客户端“数说今日”栏目两大播出载体，产出三维数据动画和数据长图两种数据新闻形态，成立时间虽不长，尚处于前期探索中，但工作室借助全新的三维动画制作技术，使用最新的渲染引擎，使多个数据动画作品火“出圈”，取得良好的传播效果。本文将以广东台数说今日工作室和其原创融媒产品为例，探析电视台在数据新闻实践上的路径创新、困境和应对策略。

一、广东台电视数据新闻创新路径

（一）找准小切口，数据温度化故事再现

数据新闻并非一堆专业性数据的堆砌，或是图表的堆积，前者强调“数”，后者强调“形”，而这都有悖于数据新闻的本质。数据新闻首先应为新闻，好的数据新闻应该是简明、易懂，其次是富有新意。新闻学是“人学”，数据新闻自然也不例外。财新数据可视化实验室负责人黄志敏认为：“在数据新闻报道中，新闻价值才是要展现的核心价值，而数据的使用只是手段和工具。”

广东电视台可视化数字工作室栏目定位为“看有温度的数据，看有趣味的数据”，温度即为其栏目调性，有趣即其表现方式的创新，工作室负责人认

为，“受众不会对一串毫无情感的数据感兴趣，这些由‘人’构成或由故事生发而来的数据，才会吸引受众的注意力，也正是与受众产生情感连接之处”。数据显示，“每10个年轻人就有1个人‘担心猝死’”，工作室策划多部数据新闻产品，关注年轻人的心理焦虑、行业幸福感、理想职业、返乡置业、空巢青年、矛盾养生和延期毕业等问题。除了关注社会热点型问题，工作室也逢节日刊发策划报道，在重阳节之际，工作室把握这一时间节点，推出“数说我们对父母的陪伴时间”，数字并非其中焦点，数据背后的人和故事才是主角，数据长图以“陪伴父母”这一小故事为切口，指向更为日常、与受众关系更为密切的社会话题——孝顺、养老，激发其情感共鸣，有效唤醒“子欲养而亲不待”的忧虑，从而获得更好的传播效果。此外，工作室也大力推出基建报道系列的数据新闻作品，关注铁路、桥梁、建筑等中国的基础设施建设成就，以权威、具有说服力的数据和富有科技感的画面为载体，带领受众领略中国的现代化成就，唤醒其家国情怀。

（二）交互模式：动态视听牵引打造沉浸体验

大多数的电视数据新闻报道实践，仍然沿用“主持人+数据”这一报道模式。比较典型的是在2014年中央电视台推出的《据说春运》《据说两会》等系列报道中，主持人化身“数据观察员”，一边向观众解读、分析数据，一边与虚拟演播厅中的数据、搭建的道具进行肢体上的交互，虚实结合，增强赛博感的视觉冲击，这在广东电视台《飞越广东》系列节目中也多有体现。

不过，为了更好地拉拢年轻受众，积极抢占社交媒体这一网络舆论主战场，传统电视台势必要进行更多传播方式上的创新。广东电视台数说今日工作室的数据动画作品，则在报道模式上进行了大胆革新，打开数据动画作品，不难发现，主持人、记者的角色在此完全“离场”，同时偶有虚拟的动画形象

“出场”，背景音乐也不同程度地介入报道，随着报道的主题调性发生改变，或明快、或忧伤。此外，同期声的讲述也打破了新闻演播厅中主持人冷冰冰、音色单一的刻板印象，体现出极强的可塑性和层次丰富性。例如，在《超燃！从零开始到世界第一，中国高铁仅用时8年》中，主持人用紧张激昂、富有节奏的语调讲解着中国高铁的变化进程，既似模拟游戏主播解读赛事，又似体育主播置身赛场，年轻化表达贴近受众偏好，调动着受众的情绪，营造了紧张刺激、带有悬念的氛围，使受众获得身临其境的感受。

总之，伴随着跃进的三维画面、节奏明快的音乐，受众从听“主持人讲数据”变成了“从作品中感受数据”，在风趣生动的动画欣赏实践中主动地获取了信息，这一新型作品也取得了骄人的传播效果，不到50秒的动画在触电新闻客户端上总播放量超40万。进言之，新闻作品从视听体验上摆脱了记者报道、主持人传递的模式，新闻作品的报道性大大削减，观看性和体验性随之增强，使受众获得更深入、全面、沉浸化的感官享受。

（三）叙事策略：空间立体叙事，画面生成性创新

在传统文字报道中，语言文本通常按照线性的时间逻辑进行排列组合，而基于图像话语进行视觉呈现的数据新闻则展现出新的叙事手段。浏览广东电视台数说今日工作室的数据动画作品不难发现，其正是借助技术手段摆脱了线性时间叙事的束缚，将空间叙事演绎得淋漓尽致。例如，在数据动画《数说2021年政府工作报告》中，受众随着音乐，以第一视角走进立体的政府报告中，穿过被精致复刻的人民大会堂、宏伟的长城、秀丽的西湖、现代化的北上广城市楼宇，受众在以“上帝视角”穿梭于中国各地标场景时，报告中突出的成绩随之创新地呈现出来。枯燥干瘪单调的数据瞬时和广袤的城市空间、祖国大地发生连接，成为饱满且丰富的文本模态，政府工作报告变成了立体可视可听的空

间文本，这一动画在触电新闻客户端“数动两会”专栏推出，推出一小时即获得超5万播放量，总播放量超30万，点赞过万。在《建设全面小康——广东开启绿色发展新篇章》中，随着画面中白天鹅的上天入地，数据讲述自然地从森林面积转换到空气质量。由于空间的转换、组合、拼接和延展，数据本身的陈列式逻辑得以改写，空间叙事的逻辑主导着动画文本的呈现以及数据故事的讲述，如此一来，便有力地打破了数据本身作为“再现”的阈限，从视听维度上建构了其“再创造”的功能，另一方面，借助于空间向度的打开，数据和社会紧密结合的内在关系也形象生动地呈现出来。

数据动画的目的并非只是让画面动了起来，更是让数据活了起来，随着三维动画的徐徐展开，数据变成了一场视觉展演。在《基建狂魔是怎样炼成的》之高铁篇、桥梁篇两部数据动画中，制作人员别出心裁地将中国作为基建狂魔的“养成过程”进行展现，比如在桥梁篇中，随着纵深性画面“一镜到底”地向前拉动，中国标志性桥梁不断竣工，世界桥梁长度排行榜排名前五的国家不停地波动，30年间中国取得的桥梁成就成为“看得见的数据”。而《广东一万里高速怎么来的　我们现场建给您看》同样延续了这种“生成性”画面的数字逻辑，作品展现了高速路在荒野中从无到有的建成过程，不仅着眼于还原数据，更是从视觉、听觉维度重构了新闻报道的模式，新闻不再只是一个呈现事实的静态文本，而是呈现过程的动态数字文本。

二、广东台电视数据新闻发展困境

（一）外部环境：资金缺口，人才困境

尽管工作室在数据新闻上迈出了值得称赞的一步，但仍有许多不足，其主要限制因素便是资金和人才的不足。目前工作室不到5人，主要包括选题策

划、编辑（数字编辑和美术编辑）和编审。团队一开始，并无三维制作力量，而市场三维动画成本极高，于是负责人一边兼顾编播部工作，一边自学数据编程和统计学知识，“摸着石头过河”，同时广泛向各学科招纳人才。对时间和技术要求较高的数据动画一般属于策划性的、可预见的选题，制作周期从半个月到一个月不等，而对技术要求比较低的数据长图，有时仅由一个人完成，在人力的约束下，持续的新意输出难以保持。

（二）内容深度上：重像轻数，偏描绘而非挖掘

目前来看，在对数据的运用上，广东台数据新闻实践中存在重视可视化，忽视数据深度的问题。数据工作室作品主要以数据动画和数据长图为主，前者强调创意策划，多在两会等重大媒介事件或重大专题策划时进行制作，着重于打造使人耳目一新的视听体验，而数据长图保持日更，但这些数据长图却显得并不够“长”，属于常态化小数据报道，尽管制作精良，图形丰富，但对数据的描摹难以掩盖欠缺深度的短板。总体而言，数据长图信息量较少，只是将百分比数据和相应图形进行搭配，对搜集到的现有数据进行选择性呈现，但缺乏对数据进一步的相关性分析，进言之，其对于新闻选题的回应，显得过于简单化、粗略化。

三、电视数据新闻前景展望与策略

（一）万物皆数据，学会向数据要选题

新闻选题不仅来源于时政热点、社会民生，数据更是一座不会辜负媒体人的新闻富矿。出行、购物、社交、娱乐……社交媒体时代中的每个数字化个体

无时无刻不被海量的信息所包围，数字化个体同时也是这海量数据的缔造方、生产者，上演着“数字化生存”的图景，数据背后，又蕴含着当代人的生活方式、文化认同等隐而不彰的规律。而在5G时代，万物互联成为可能，数字化个体将以更快的速度，创造更加海量、多样化的数据，也即是说，随着数据的蓬勃生长，数据池将会愈加宽广，新闻的疆界也会随之拓展。新型主流媒体更应配备专业性的统计、技术人才，或加强新闻工作者的数据修养，培养数据新闻人，强化其在海量数据中找选题、探究社会规律的能力。

（二）树立数据新闻产品思维、精品意识

如前文所述，与传统纸媒不同的是，电视台的数据新闻实践要打造视频化的数据新闻，具有更高的技术要求，需要更多的人力物力支撑。而如今，媒体融合中的电视台需要同时承担并平衡电视、新媒体两端的工作量，便应该进行工作战略的及时调整，适当抛开对热点选题的迅速响应，一定程度上放弃对时效性的追求，转而注重深度和新意，重视策划，回归数据新闻对于深度性的强调，利用产品思维来生产数据新闻。数据新闻，既不能被数据绑架，也不能被可视化束缚。不少媒体人仍然对于这种新闻形态存在认知误区，认为数据新闻等于炫技，实则不然，数据新闻当以核心的公共价值为首要元素，再考虑如何讲述故事、服务主题，过分强调可视化形式无异于舍本逐末。

（三）重视渠道差异，依据平台特性“量身定做”

网络成为舆论宣传的主阵地主战场，进入媒介融合下半场，电视台不仅要做好大屏，更要投入大量人力、物力做好小屏。和国外受众热衷于从新闻网站获取资讯的阅读习惯不同，我国受众通常通过微信公众号、微博等社交媒体平台获取

新闻信息，而在这类平台上，网站上适用的交互性机制难以施展拳脚，数据新闻耗时长，如果只专注于内容，或可能导致“费力不讨好”的传播窘境。因此，媒体人在制作数据新闻的同时，需要扭转传播思维，充分考虑社交媒体平台机制，紧扣各平台上受众偏好等特性，进行数据新闻内容的“定制化生产”。5G技术驱动下，新型传播平台和传播形式或将崛起，媒体人在新技术环境下生产数据新闻，不可只“凑凑热闹”，而要明确“内容渠道两手抓”的传播战略，对于不同传播平台进行针对性的范式创新，才可实现传播效果最大化。

结语

纵览国内数据新闻的发展轨迹，其相较国外而言仍然处于早期阶段。随着5G时代的到来，数据新闻或将更加智能化、便捷化，数据新闻的制作门槛也将进一步降低，各机构、民间团队、自媒体人将参与到这场数据浪潮之中。电视媒体人当顺势而为，在“不会说谎”的数据中更多地发掘新闻，“定制”生产适合社交媒体平台的数据新闻，把握好内容和传播效果的平衡；同时也要加强和各机构、平台的连接，从“单打独斗”走向“合作共赢”，合力传播数据中的公共价值。

【作者时任广东广播电视台总编室副主任】

参考文献：

[1]全媒派.数可视创始人黄志敏:数据只是工具,新闻才是核心[EB/OL].(2020-06-12). https://mp.weixin.qq.com/s/3j4kjoBeg2LGwKSdr6MXww.

5G视域下省级电视新闻节目产品的守正创新
——以广东台《飞越广东》大型系列直播节目为例

曾小强
林　欣

引言

得益于5G高速率、高带宽、低延迟等优势，“读图时代”得以更加顺畅地走进“读视频时代”。喻国明则直言“5G时代就是视频大行其道的时代”，视频承载信息和传递价值观的功能也将愈加突出。对于致力于视觉传播的电视媒体而言，这是机遇；但同时，电视媒体也在遭受着新技术带来的冲击。在万物互联和自媒体视频爆发式增长的媒介生态环境下，传统电视新闻节目若仍墨守成规，势必难以取得良好的传播效果。

同时，作为媒体主力军，电视媒体谋求变革也是应有之势。2020年9月27日，中共中央办公厅、国务院办公厅联合印发《关于加快推进媒体深度融合发展的意见》。该《意见》指出，要推动主力军全面挺进主战场，以互联网思维优化资源配置，向互联网主阵地汇集、向移动端倾斜，占领新兴传播阵地，同时要以先进技术引领驱动融合发展。

2019年7月中旬，广东省广播电视台在广东卫视和多个新媒体端同步推出大型系列直播节目《飞越广东》，迄今已推出2季，共28期。其中，首季献礼新中国成立70周年，第2季献礼经济特区建立40周年，庆祝全面建成小康社会的第3季于2021年推出。因此，本文选择以广东省广播电视台《飞越广东》大型系列直播节目作为研究样本，以此审视在5G的新技术态势下，我国省级电视媒体的变革。

一、省级媒体电视新闻节目的革新

（一）由观看至体验：融合虚拟技术手段助力建构多维时空

麦克卢汉曾言："媒介是人的延伸。"得益于新兴技术，受到拓展的不只是我们的身体，时空也随之被重构并发生交叠。5G高速率、低时滞的特点将带来全新的时空体验：瞬时的时间感、无限延展的空间感，新闻生产、制作、分发的时间间隔被再次缩小，在场感、临场感将成为传媒产品新的关键词，时空边界再一次消融和变异。5G将助力VR、AR和动画合成等模拟技术的发展，这种模拟技术不是现实世界的表征，亦不是和现实世界截然对立，而是创造了一种虚拟交织的新型空间形态。在《飞越广东》常设专栏《小强观察》中，评论员在虚拟演播室内，通过多维高清动画场景，穿越在广东21市之间，评述着广东各地的成长变迁、发展动向及其时政背景，实现古今历史的纵向串联和地域的横向变换。

斯科特·拉什（Scott Lash）和西莉亚·卢瑞（Celia Lury）指出媒介正在经历

“从表征到物”的转变，也即受众从“阅读”“观看”走向“体验”。5G技术的变革不仅催生着传统的时空体验从三维走向多维，受众与媒介的连接也从单一的视听感官刺激迈向包括触觉等在内的多方位、多层次的感官体验。作为大型系列直播节目，《飞越广东》综合运用5G直播、4K超高清航拍、虚拟演播室等多种技术，创新媒体表达方式，打造丰富的感官体验。在5G作为基础技术的辅助下，VR、AR、MR、传感器在未来新闻传播业的应用将更加普遍，依托于虚拟现实技术和增强现实技术，新闻节目中的场景搭建更加多元化，凭借移动和可穿戴设备，用户则可以以第一视角进入新闻现场并亲历故事，与周遭虚拟的图像、故事和数字展开互动，获得原生的身临其境的沉浸式交互和想象体验。长远看来，5G引发的媒介产品变革将激发触觉感官维度和全新的沉浸感，而如何讲好这个新闻故事也将是媒体人需要习得的技能。

（二）从撒播到对话：平民化、年轻化报道范式契合网生代受众

5G技术进一步催生基于万物互联的声音互动，这将再进一步解构单一的国家声音传播模式，也驱使着电视新闻语态和声音美学风格不断发生转换，“一对一”的传播姿态取代“一对多”的话语表达。在5G技术的加持下，《飞越广东》把这种“对话感”进一步强化。每期节目都有4到5个记者展开5G连线，在《飞越广东》2019国庆特辑中，共引入了15路5G记者连线，3人一组，实现主播与记者、记者与受众、受众与节目的全方位“对话”，向观众全方位展示一幅新时代广东砥砺奋进的“清明上河图”。

当然，5G的出现，势必再一次提升受众的地位。特别是在互联网环境长期浸润下成长起来的网生代受众，他们对于表达方式提出了更多更丰富的诉求，主流媒体的新闻语态势必需要重塑用户思维，搭建和维系用户关系，寻找更加

委婉、年轻和多样化的传播方式。这指引着电视媒体用更加个性化的表达、贴近性的语言来承载故事和引导舆论。5G时代下的“Vlog+新闻”中，主持人通过第一视角来讲故事的方式建构“有血有肉”的在场感。比如在《飞越广东》韶关篇，《邂逅风度书房》一片，记者化身Vlogger，打卡体验韶关的智慧图书馆“风度书房”。全片将自述和故事讲解相串联，灵活性的话语表达、生活化的场景呈现消弭了传统新闻报道冷冰冰的刻板印象，拉近了传播者与受众的心理距离，也实现了新闻的社交维系功能。

（三）从新闻到视频：入驻移动端的新闻节目视频化走向

根据CNNIC（中国互联网络信息中心）《第45次中国互联网络发展状况报告》，截至2020年3月，在中国的9.04亿网民中，网络视频用户规模达8.5亿，其中短视频用户为7.73亿。视频化表达越趋成熟的现代社会俨然已进入德布雷所言的“视频圈”时代。5G可以保证高达100Gbps以上的带宽，以及极低的延迟，5G赋能下的视频将更加实时、高清、沉浸，大力优化用户的观看体验和传输实践，也将有利于进一步培育更加良性和持久的视频消费习惯。而5G又将推动移动化和智能化交融，在此背景下，传统媒体纷纷扩大阵地，投入大量人才打造移动化网络视频平台，新闻节目走向视频化。

相较于传统的新闻节目，被截取放到移动端的新闻短视频更顺应了受众“短平快”的视频化表达诉求，碍于时长限制，短视频中无法也不必涵括事件的前因后果，而是突出“亮点式、快闪式叙事”，强节奏感的剪辑，配上巧妙呼应的音乐，捕捉事件高潮的短视频，更容易成为线索被传播开。在《飞越广东》中，每期都有多个15秒的间场片。这些间场片在电视端扮演章节转换、节奏调适的作用，而在直播前成为新媒体端预热的朋友圈“刷屏利器”。电视媒体在移动端发力短视频领域，不仅要注重视频的短小精悍，同时要贴合互联网平台的特性，进行定制化生产，而不是“新壶装旧酒”。比如在《飞越广东》佛山篇，说唱短片《看家本领制造业就是这么牛》契合抖音风格，记者通过说唱和追踪动画，把“有家就有佛山造”诠释得让人热血沸腾。

当然，移动端的新闻视频也呈现出“长短不一”的节奏趋势，除了风靡的短视频外，长视频也成为传统媒体涉足移动端的新领域，5G+4K的技术更是为电视媒体进行高清直播提供了技术加持，5G带来的最低时延无限度贴近现场，将为电视媒体直播体育、政治类等大型媒介事件带来新的机遇。在2020年2月疫情期间，中国广播电视总台推出的“央视频”平台举行慢直播，将镜头对准火神山、雷神山医院建筑工地，进行一天 24小时不间断直播。《飞越广东》正是采用了每期约1小时直播的形式，在广东台与触电新闻客户端“大屏+小屏”同时联动播出，在触电新闻客户端的直播间中，受众可以一边观看节目，一边在评论区发送弹幕，参与实时评论，同时可以和主创人员在线进行互动交流。直播不仅可以较为真实全面地还原现场实况，且能通过评论区在社交媒体语境下为受众提供陪伴和参与感。

二、电视新闻节目把握 5G 发展机遇

（一）重连接，强化分发、平台化思维，用数据读懂用户

在智媒体时代，电视媒体继续深入推进工作室制度变革，实现观众“用户”化，新闻“产品”化，主持人“IP”化。此外，电视媒体还要具备“用户在哪儿，阵地就在哪儿”的思维，革除“酒香不怕巷子深”的传统认知。5G技术的辅助下，数据挖掘和分析将在更大范围应用，传统新闻传播领域边界不断

消融、扩大，信息分发商或将获得更大红利，电视媒体应积极谋求业界合作，实现“打造内容”和“建立连接”并驾齐驱，同时革新传统机制架构，引入新兴人才，充分利用数据和人工智能研判用户偏好，捕捉实时热点和预测趋势，定制化生产和推送，实现信息和人的双向抵达；同时自主搭建传播平台、畅通多元渠道进行信息分发，避免沦为新技术时代下的“内容提供商”。

（二）革新生产机制，坚持“内容为王”，树立中长视频产品思维

5G时代带来的加速度，使人机关系也成为重要议题，主流媒体需要平衡好碎片和质量、速度和深度、感性和理性等矛盾。5G带来高带宽、低延迟的传播速率，节省传输时间和下载空间，一方面为电视媒体进行中长视频实践提供了核心技术支撑，另一方面提升了受众观看体验，中长视频或将掀起一阵热潮。以深度闻名的传统电视媒体，具备长期积累的跟采访、跑一线、做内容的专业优势，因此，电视媒体在投用户所好，发力短视频的同时，不妨把握技术红利，主动进军中长视频领域，剖析事件，发力调查，用优质且富有创意的深度内容引导和培育用户新的媒介偏好。

（三）引领用户，保持人文觉醒和专业主义

5G技术的赋权将再一次助推“人人都是传播者”的趋势，同时伴随着的将是质量参差不齐的海量视频的出现，信息爆炸、信息焦虑、过度沉迷虚拟世界也将成为愈发影响现代人的现实问题。而对于以电视为代表的传统媒体而言，在万物皆媒、众声喧哗的舆论场中，秉持专业主义、保持人文觉醒就显得更加难能可贵。在以用户为主导的媒介产品的生产逻辑之下，传统媒体不能被流量

神话蒙蔽眼睛，更须了然于心的是，好的新闻视频是引领，而不是迎合。不论是在大屏还是小屏，电视媒体都需要牢牢坚持导向，发出主流声音，忠实于视觉和现场，保持高度的人文自觉，观照现实的个体和真实的人性。

小结：电视媒体的“变与不变”

喻国明认为，5G具备“高速率、高容量；低时延、低能耗”的特征，这项革命性的技术，对整个传媒的边界、内涵、要素构造、运作规则等都会带来重大改变。总之，5G时代的到来将催生媒介环境的巨大变革，对于身处技术浪潮中的电视媒体而言，一方面要持续更新传播方式，装备新媒介技术、创新多样传播语态、丰富产品新形式、搭建分发新渠道，另一方面也要继续传播正能量，坚守新闻专业主义，做好舆论引导和价值引领，二者不可偏废。

5G对于视频具有利好趋势，之于电视媒体则是机遇与挑战并存。电视媒体要积极运用新技术手段，“全面挺进主战场”。在新兴的传播环境中更有效地发挥主流媒体的职能，这既是主动顺应变化，也是为了不变而寻求改变。

【作者曾小强系广东广播电视台时政采访部副总监，
林欣系暨南大学新闻与传播学院研究生】

参考文献：

[1]彭兰.移动视频:一种手段、多种表达[J].传媒观察,2020(07):5-12.

[2]喻国明.5G时代:视频强势崛起唱主角的时代[J].现代视听,2019(04):84.

[3]中国互联网络信息中心.第45次中国互联网络发展状况报告[EB/OL].http://www.cnnic.net.cn/hlwfzyj/hlwxzbg/hlwtjbg/202004/P020200428596599037028.pdf，2020-04-28.

垂直深耕，多维连接，创新转化

——粤听 APP 的融媒成长之路

黄　慧

粤听APP是广东广播电视台2017年底推出的主打移动音频的客户端产品，粤听被中国广播电影电视社会组织联合会评为“2018年中国广播创新融合十佳案例”，被广东省广播电视局评为“2019年广播电视媒体融合先进典型案例”，2020年初正式被国家广电总局评为“2019全国广播电视媒体融合成长项目”，粤听从零起步到成为中国广电代表性的融媒体项目，只用了两年时间。

一、垂直深耕初显成效

粤听是继触电新闻APP之后广东广播电视台重点打造的又一个新媒体平台，也是广东广播电视台官方唯一移动音频客户端，依托广东台优势资源，为各类终端用户提供优质的声音产品和在线文化娱乐视听服务。

粤听聚合广东台及全省地市电台直播流，对广东台海量有声资料进行数字化转录加工、分发，深入开发广东台广播电视节目资源，二次加工生产成为互联网音频产品；在“泛文艺、泛知识、泛娱乐”领域开发音频产品，通过定制生产及合作，大量引入有声阅读、知识付费、头部IP等内容；采用PUGC模式，平台“粤听号”汇聚过千专业广播电视主持人、媒体KOL以及文化机构，持续为平台供应内容；通过会员付费、互动打赏、广告营销等业务功能，进行商业化运营，使广东台优质的内容得到最大化的开发和价值体现。

粤听的成长路径比较特别，但其实也是中国广电融媒转型的一个缩影——刚开始的时候，它并没有成立独立运营部门或中心，而是由珠江经济广播电台来“孵化”这个项目。而笔者作为一个做了20年广播的老“珠江”人，零经验起步，从规划到设计到测试、上线，可以说一路摸爬滚打到现在，中间遇到无数的技术问题、用户体验问题、产品开发问题……粤听上线后大半年可以说进展缓慢，直到2019年下半年，才终于“发力”——到2020年1月，粤听突破了一千万下载量，提早完成当年下载量目标，同时粤听日活达到50万以上，平台音频超过3万小时，还开辟了音视频直播、会员系统、支付系统……2020年2月，粤听传媒有限公司正式成立，迈出市场化运营重要一步，可以说，粤听已经站在了一个发展的重要节点上。

粤听的快速成长，得益于广东广播电视台“移动优先”“双屏驱动”的融媒发展战略的实施。

众所周知，融媒工作是“一把手工程”，粤听的发展离不开广东台在政策、资金以及资源调配上的全力支持。2018年，台人力资源部出台奖励政策，通过增加新媒体绩效考核、奖励在触电和粤听这两个自有平台上的优质内容来调动频率频道对新媒体内容创作的积极性，更通过网台建立融媒产品中心、统一网络音频版权出口等系列措施，增强粤听生产端及销售端的实力。

即便如此，纵观全国广电，不少体制内孵化的融媒产品仍不免遇到许多来自现实的困难，而APP同质化、定位模糊、缺乏用户思维、流量思维几乎是通病。

因此，找准定位是粤听开局最重要的一步。

“本土化、地域化、垂直化”是粤听的定位，之所以采取这样的定位，有几方面考虑：第一，广东在全国的广电里情况有点特别，广东、广州台的广播电视有80%的节目是以粤语播出的，珠三角及大部分以粤语为主的地级县市的广播电视更是如此，可以说粤语观众、听众的基础非常庞大，广东、广西、香港、澳门的粤语人口有4000万—5000万，海外也有几千万，如果粤听做好了，就是这个领域的独角兽，至少在理论上是有机会的；第二，在资源上，广东广播电视台有全国最优秀的粤语主持人队伍，具备强大的粤语节目生产能力，70年历史的广东广播，累积了大量的粤语文化类音频，并且无论是传统端（收音机）还是移动端（手机），收听率和市场份额都占有绝对优势；第三，因为我们起步晚，做全国化的平台几乎没有优势，还不如在差异化上下功夫，突出个性、接地气、小而精，定位决定打法，所以粤听从一开始便在平衡资源优势、估算好发展规模方面做得较好，在资源及资金投入上相对科学、相对节约。

现在看来，这样的“垂直深耕”策略应该是有效的。

首先看用户数据，粤听95%的用户为粤语地区用户，2019年海外用户增长100%以上；平台最受欢迎的节目类型为粤语文学类作品（粤语讲古），此外粤曲、粤剧、粤语说书作品最受中老年及海外用户的欢迎；2019年，《粤港澳大湾区发展规划纲要》发布，可以说这是时代赋予的机遇，粤听不但马上建立了音视频专区，经省委宣传部同意，还引进了香港新城电台制作的一档名为“带你走进大湾区”的节目，这也让粤听成为内地唯一一个可以听到香港本土电台节目的平台。

粤听还推出了“让世界听见岭南”计划，主要通过各种文化沙龙和培训讲座，聚集岭南知名文化名人、主持人、媒体KOL、高校内容团队，完善内容供应链条。

有这么一段时间，广州人在地铁上会看见粤听的大幅广告，广告语是“同声同气，听得欢喜”。正是因为坚持做粤语文化、讲好广东故事，粤听品牌形象得以迅速传播，而且还带动了线下合作，例如广东省博物馆就邀请粤听一起合作了“玩转广东非遗之凉茶篇”，结合线上音频、线下交互展览的方式来推广东凉茶文化。

二、媒体融合力促发展

定位确立之后，如何实现“媒体融合”，是粤听绕不开、躲不掉的任务，也是发展的关键。

很多人认为，广电自己做的APP，主要就是倒腾自家的资源，无非就是把音频换个地方播放而已，没有产品优势；另外一种声音，就是APP的运营成本太高，广电体制不顺，缺乏资金、人力、技术，无法真正参与市场竞争。可以说，广电背景，是粤听的优势，同时也有可能是劣势，突破限制、实现真正意义上的“媒体融合”是关键，否则只能成为“形象工程”，缺乏真正的成长性。

因此，粤听的做法是，以流量思维助力广播升级、以创新思维打造融媒产品。

新媒体平台，数据是核心。粤听的后台数据显示，在传统广播中收听率好的节目，如果仅仅是“搬家”或者简单的改头换面，在移动客户端未必有流量。因此，粤听通过大数据挖掘，给出了用户画像以及数据分析，给予广播频道“建议”，比如哪些节目适合推出短音频、哪些可以做成知识付费、哪些可以做成视频直播。甚至根据主播的特质，共同开发节目，两年中培育出亲子类爆款《嘉嘉讲故事》《科学这东东》、财经类《刘颖讲财》、文学类《粤语诗词大会》这些粤听独家播出的短音频节目，更使一些专业类音频实现了从“免费听广播到付费听音频”的观念转变。2019年底，粤听尝试推出广播新闻节目

《珠江第一线》的视频直播，第一周听众留言2万条，平台日活增加10%以上。2020年初，直播带货成为中国网络热点，3月，粤听即推出了《生活嘉》《宇制品》《钓子有约》三档视频直播节目，通过多场景的互动直播，不仅吸引了大量新的用户群体，更通过与企业的合作，推出直播时段“超级优惠”，从而实现“主播带货”。其中《生活嘉》单场直播售出度假酒店客房100多套，获得市场与用户的双重肯定。

粤听的几位核心骨干，都是从传统广播“走出来”的，他们热爱广播，也懂得广播的优势与痛点，因此，粤听的“融合”并不是截流或单向转化广播存量资源，更多的是在原有基础上加入创新思维，协助广播做移动互联网的内容产品的开发，并提供策划服务、技术服务以及变现途径。与此同时，粤听更是把创新转化为生产力，试图跳出传统广电的框框去做产品。

2018年，粤听正式上线了“移动应急广播”，这在全国是首个，当时正值台风“山竹”肆虐广东。2019年7月，“移动应急广播”2.0版本上线，实现了“AI播报”。传统广播频道中的应急广播是线性播出的，内容的容量是有上限的，但是粤听的应急广播可以通过AI生成语音流，实现24小时不间断信息播报，而且没有主持人，成本极低。我们看到，在新冠肺炎疫情暴发期间，粤听“移动应急广播”的收听点击有了近10倍的增长，其潜能逐渐发挥出来。未来AI主播还可以实现点对点的应急咨询服务，当然这需要更多资金投入与技术开发。

还有一个不大不小的创新，就是我们做了一个叫“粤听声音驿站”的产品，目的是要打通线上和线下，提供媒体延伸性服务。这个概念下第一个落地的项目就是为广州市南沙区党群政治体验中心建立社区党建声音图书馆。这个全触屏互动的“图书馆”有十万字以上的内容，包括党章党史、党的十九大精神解读等音视频资料，以及专门为该区党建先进事迹整理的声音资料。粤听目前已经和多个社区党群中心达成合作意向，让更多党建声音图书馆“落地”，也让粤听的声音以另一种形态“生根”到线下。未来这种服务还可以延伸到更多场景，还可以结合应急广播、网络直播、VR技术等，使其表现形式更为丰富。

粤听不断创新的动力，除了来自媒体融合的紧迫感，还来自一班年轻的团队成员。粤听目前只有15个人，其中有50%的员工年龄在25岁以下，年轻态、没有过多传统广电的固有思维模式，效率高、战斗力强。

正是这个“迷你”团队，2019年做了100场以上的线下活动，200多场直播，完成过万小时的节目审核，还有重大宣传任务策划、产品上线、与频道交流协调以及商业合作洽谈。这个团队，完全采取全员作战的方式，有时是以小组形式完成任务，但日常的后台审核、评论审核则是全员轮班；采取扁平化管理，总监以下，就是内容、技术、市场三个小组，组长全部都是一线骨干，项目之间互相支撑，人员大多数一专多能。我们的想法是，作为一个初创企业，应该把更多的精力放在产品研发、业务拓展上，在这个过程中尽量不消耗过多的人力以及管理成本，以保持快速反应、轻巧灵活的特质。

上述并不是什么成功的经验，而是粤听在摸索过程中的种种尝试，当中失败的也不少，可以说每一步都是压力测试。

三、持续创新成长可期

但粤听的确在快速成长，2020年1月，粤听被国家广电总局评为“2019全国广播电视媒体融合成长项目”，这是对粤听工作成效的重要肯定。

说到粤听未来的成长性在哪里，笔者认为离不开以下三个方面：

第一是技术能力。5G时代已经来临，粤听将以“大数据+人工智能”，为用户进行节目精准匹配；平台将出现更多虚拟主播，出现更多场景化、个性化的“智能电台”；开发车联网、物联网等终端版本，加快粤听进入各种智能硬件、智能家电。

第二是造血能力。2019年粤听的音频付费收入比上一年增长250%，此外平台服务性收入和广告的收入也增长较快，针对音频行业的发展趋势，粤听将继续深挖“声音价值”，大力开发微培训、知识付费、有声书、在线问答等付费音频服务，并将利用业界优势，把粤听打造成“声音交易所”，让专业声音找到自己的市场价值；同时升级会员系统，提供音质选择、会员独播等服务，以会员驱动收入。

第三是持续的运营能力。我们将继续发挥内容运营方面的优势，未来将以“媒体超市”的形式连接全国广电的音视频资源，建设“粤听内容共营体系”，实现真正的网络视听内容协作；同时，继续打破内容“边际”，深度连接体育、健康、亲子幼教、文旅等产业，实现“线上内容—线下服务”的价值转化。

粤听从一开始就立下目标要成为全球最大的粤语移动电台，从数据来看，目前已经做到了，但从市场角度来说，粤听客户端的规模仍属于“雏鸟”级别，她正处于最艰难的幼年阶段，是否能够在残酷的竞争环境中熬过去、羽翼渐丰到健康成长，还需要时间来验证。我们既要面对“时”新“日”异的互联网技术发展、用户不断变化的使用喜好，同时还要面对传统媒体整体发展趋势下滑的现实，每一步都是挑战，每一步都是考验，但是在这个过程当中，我们也看到了广电媒体在剧烈变革中迸发出的强大潜能，以及融媒转型的信心和决心。

2020年初，粤听给自己定下今年的奋斗主题——从声音出发，不断打破内容边际，从产品体验到品牌内核全面进化。不念过去，不畏将来，无论多艰难多复杂，创新之路还是要走下去，这是责任，也是理想。

【作者系广东广播电视台粤听 APP 总编辑】

千万广电抖音号是如何炼成的

杨春雨

当大屏用户正以迅雷不及掩耳之势转向小屏时，当移动社交媒体成为人们每天的“必需品”之时，我们发现，大屏已有所“警惕”。在4G到来之前，很多人想刷个剧都是很难实现的，下载几张图片就用时良久。而4G的到来，显然刷新了人们的认知，现在无论何时何地，只要有4G的地方，无论是刷剧，还是刷短视频，人们都已经习以为常。而5G的到来，则更加刷新我们对移动互联网媒体应用的认知。

显然，“小屏”或者说移动端媒体之所以能迅速“霸占”眼球市场，凭借的首先是技术，而与此同时，技术的改变也将导致媒体的竞争格局发生前所未有的变化。从电视媒体到移动社交媒体，从电视端到移动端，我们不能将二者割裂开，因为倘若二者结合得很好，就会产生1+1＞2的效果，比如广东广播电视台《今日关注》抖音号，从2019年9月至2021年初，在不到一年半的时间，实现了从0到1000万的粉丝增长，那么，这个千万广电抖音号是如何做到这个骄人成绩的呢？千万广电抖音号是如何炼成的呢？

已经17岁的《今日关注》是广东广播电视台珠江频道的一档王牌电视新闻栏目，可谓家喻户晓。只要在广东本土生活的人，基本上都知晓这档栏目。其因接地气，敢说话，“民生无小事，今日多关注”，而积累巨大人气。这档王牌栏目创造了许多收视佳绩，同时其广告品牌招商能力也位居广东省前列。应该说，在华南地区，《今日关注》的影响力、品牌力、公信力独占鳌头。那么，在视频社交化为主的今天，面对新媒体的巨大冲击与竞争，这个王牌栏目如何在新媒体端找准自己的发力方向呢？

一、王牌团队打造王牌新闻抖音号

一个产品的任何进步与成果归根到底都是人的因素。《今日关注》抖音号目前粉丝超过1200万，原创视频播放总量超300亿次，原创爆款多次进入抖音平台热点视频总榜前五，平均每周生产播放量千万级的爆款10条以上，这些数字背后，是整个团队的不断努力与付出。这个王牌团队创造了很多佳绩，《今日关注》栏目曾获过“全国五一劳动奖状”“全国广播电视媒体民生影响力十强”等数十个奖项。其民生新闻风格自成一派，是老百姓身边的“贴心人”。

大屏用户日益减少已是不争的事实，如何将《今日关注》的热度延伸至小屏？如何让这块金字招牌继续发光？主编杨霄说：“我一毕业就来到《今日关注》栏目，对其有非常深的感情。现在用户越来越多集中在小屏，作为一个媒体人，我的内心是相当焦虑的。我希望《今日关注》不仅在大屏播出，而且能够在小屏上继续被更多人看到，而不是渐渐被遗忘。因此，我们在抖音、今日头条等移动端开设了《今日关注》同名媒体号。这是开始做抖音号等移动端号的初衷。”情怀是最初的动力。

《今日关注》栏目的成员目前共有21位，另外还有几位实习生，他们不但要做好大屏内容策划与采访，同时也要做好小屏的内容与分发，小屏推送内容基本全年无休。除了抖音号，还有触电新闻、今日头条、微信公众号、微博等各新媒体端号，工作强度可想而知。

二、工作室助力融媒工作项目化运作

2020年11月，《今日关注》融媒工作室成立。由此，今日关注抖音号等融媒工作得以专门项目化运作，工作室成员以打造影响力辐射全国的新媒体账号为目标，加大投入、重新分工，实现人力优化配置。在台、新闻中心、频道、工作室各个层面重点倾斜打造千万级抖音号。在奖励机制与用人方面，工作室有了相对较多的自主权，增设增量绩效，从各方面鼓励成绩突出的员工，形成多劳多得、能者多得、比学赶超的良好工作氛围。工作室目前虽在探索阶段，但整体来看，较好地鼓励了栏目成员的积极性，并对千万抖音号冲向更大目标起到有力助推作用。

成立工作室后，《今日关注》抖音号的增粉速度明显加快，从600万开始，每涨100万粉丝的用时仅20天左右。目前粉丝已经超过1200万，获赞超3亿。粉丝结构以年轻人为主，50岁以下人群占80%以上，其中31—40岁人群占32.5%，广东省内用户占三分之一，省外用户占三分之二。可以说，这是新闻“主力军”挺进主战场的良好实践。工作室的各项措施在经历流量的不断检验之后，已经基本形成“原创本地爆款+精编全球热点+主播犀利点评”的内容定位。

三、大小屏互动，打造深度“闭环”报道

（一）差异化竞争采用“闭环”报道

为了与其他媒体号形成差异化，《今日关注》团队充分发挥主流电视媒体的核心优势，针对热点事件推出“事件现象—记者求证—主播点评—追踪后续”的连续报道，做成闭环，并第一时间通过小屏端进行传播，打破电视版面对时效性的限制，进一步提高大屏栏目的影响力。例如2020年11月推出的《村治保会“警车”挂5A牌》系列短视频报道，大小屏联动进行建设性舆论监督，当地主管部门迅速整改并召开作风整顿大会，相关责任人被严肃处理，成功疏导舆情。

（二）形成省外热点高效发布机制

针对省外发生的热点事件，栏目组在发现线索后第一时间安排专人跟进，并充分发挥各岗位特长：网编进行创意剪辑，主编优化视频字幕、配文等内容，主播点评进行观点输出。平均每周生产10条以上千万级播放量的爆款。

（三）大小屏互动促品牌传播

《今日关注》的官方抖音号在早期能迅速增粉，离不开大屏新闻十几年积累下来的好口碑，为了形成大小屏相互促进的良性循环，团队利用小屏流量在品牌宣推、报料线索收集、内容预告等方面进行大胆探索，设法反哺大屏。例如，80%以上的短视频新闻都采用带有“今日关注”标志以及“珠江频道每晚9点”等字样的背景板，每天触达网友超一千万人，此外，还在抖音主页置顶报料方式，

并在评论中不断引导网友报料、投稿，对比一年前，栏目组收到的报料量增加30%以上，这些互动进一步丰富了大屏内容的来源。

四、打破思维定式，拥抱互联网世界

电视新闻与短视频新闻的用户类型、传播形式都有很大区别，因此在选题、制作方面会有不同侧重。如何打破电视新闻的固有思维方式，以最广阔的思维与视角去拥抱互联网，与时俱进，是值得栏目组思考的问题。大屏《今日关注》重点做广东省内民生新闻，小屏选题思维则更加灵活，不受地域限制，只要是符合法律法规并且有新闻点的内容，都可以成为其选题。

例如2021年1月28日，浙江交警发布的内容里面有一小段新车被追尾的视频，如果按照电视新闻的选题思维，这仅是一起外省发生的普通交通事故，不一定值得报道，但《今日关注》团队将其制作成短视频新闻在抖音发布，7秒画面中不仅完整呈现了新闻五要素，还引发了网友对车辆预警功能的讨论，2天内该视频的观看量超1亿，评论量达3.5万条。

抖音等平台上的短视频新闻受推荐算法影响，对画面、配乐的要求比日常大屏新闻更高。为此，《今日关注》团队探索出“配乐优先”“双屏互动”等特别适用于短视频新闻的剪辑经验。例如，2021年1月18日发布的《湖北恩施两小伙瞬间出手救下熊孩子》，通过对监控画面的精剪，让视频的转折冲击力更强，2天内该视频的观看量超2.4亿，484万网友点赞。

主编杨霄与记者说得最多的词是“网感”。融媒时代，我们不能用电视媒体思维去衡量社交媒体，打破思维定式，不断尝试用服务用户的思维方式去做移动端内容，或许会有更多的惊喜与收获。

小结

从电视媒体到移动社交媒体，从电视端到移动端，这个转变首先是思维方式的转变，拥有互联网思维、用户思维，才能融入互联网。就像俞敏洪所说，“互联网的发展趋势是，侵入一个一个传统行业的地盘，先是蚕食、后是冲击，最后是颠覆，侧面试探演变为正面竞争，正面竞争演变为全面洗劫。我知道，我已经无法按原有的思维和模式守住我的地盘了。”知易行难，融媒探索的路或许有诸多未知与不确定性，但最重要的是突破思维局限，迈出勇敢而有魄力的第一步。从这点来看，《今日关注》已经跨出这坚实的第一步。希望17岁的她有更大的爆发力与更快的加速度！

【作者系广东广播电视台发展研究部副科长】

媒体融合语境下的电视新闻专栏大有可为
——解读中国新闻奖“新闻名专栏”获奖栏目《直播港澳台》的常青密码

曾子瑾
王　磊
陈红艳

2020年11月2日，深圳卫视《直播港澳台》摘得第三十届中国新闻奖一等奖“新闻名专栏”称号，这是深圳37年电视新闻史上第一个中国新闻名专栏。

电视新闻专栏如何在当前中国的媒体融合实践中找到自己的发展定位和创新路径，一直是国内电视业界同仁萦绕于心的棘手问题。对此，深圳卫视《直播港澳台》栏目历经14余年的艰辛探索，在深耕垂直领域、拓展国际视野、拥抱新媒体新闻产制流程等三个方面，走出了一条既契合自身特点，又具有一定普及价值的中国电视新闻发展创新之路。

一、深耕垂直领域，打造栏目核心竞争力

《直播港澳台》新闻栏目创办于2006年5月1日，经过数次改革，由一档时

长15分钟、聚焦港澳台地区新闻事件的资讯节目，发展成为如今涵盖港澳台以及外交、防务、国际时政等涉外领域新闻的60分钟日播新闻节目。截至2020年10月，《直播港澳台》已累计获得近160次全国省级卫视同时段所有节目排名第一的收视战绩，打破中国电视界所谓“卫视不太适合新闻节目的发展”“新闻节目拼不过综艺电视剧”的思维定式，为纠偏国内电视节目的泛娱乐化偏向提供了鲜活且丰富的探索与实践。

确立核心报道领域，直击新闻发生现场。成立伊始，《直播港澳台》就将港澳台地区的新闻事件作为节目报道的重中之重，并在此后的发展历程中持续深耕，打造栏目在港澳台新闻报道中的核心竞争力。首先是扎根新闻现场，以专业眼光和业务能力开掘鲜活的新闻选题。目前，《直播港澳台》在香港和台北均常设记者站，长期驻扎当地有助于驻外记者开拓本地资源，深挖新闻富矿，编织出触角多、植入深、节点密的新闻网络，发回新鲜丰富的一手讯息，从而反哺深圳本部的“中心厨房”。其次是对新闻的触感敏锐，以创新的报道视角和精心的内容编排积极引导舆论。“太阳底下无新事”，如何在海量的信息资讯中精准捕捉新闻点，考验每一位新闻采编工作者对相关领域话题开掘和抽丝剥茧的能力。在节目时长有限的情况下，栏目只能不断增加新闻内容的密度和深度，方能争取观众日益碎片化和稀缺的注意力。在众声喧哗的舆论场上，新闻节目安身立命之本，在于既要见常人所不能见，也要言常人所不敢言。对此，《直播港澳台》在牢牢坚持正确舆论导向的前提下，确保所播发的新闻产品足够解渴，以此精准把握受众的兴趣点，形成牢固的受众基本盘。

聚焦境内外舆论动态，在重大新闻选题上持续发声。重大时间节点的新闻报道，往往最能体现一个栏目厚积薄发的特质，而《直播港澳台》对于预期时间范围内新闻事件的深入开掘，已形成一套行之有效的报道路径。2019年以来，《直播港澳台》栏目围绕香港“修例风波”和香港国安法制定实施等重大选题，充分发挥地缘优势，凭借高度的政治自觉，和长期积累所形成的过硬专业素养，在涉港报道中主动作为、屡立奇功，成为中央对港舆论宣传引导的重要阵地和平台。栏目在新中国成立70周年前夕推出的特别策划《我是中国人》系列报道，专访对象包括在港加入中国国籍的人士，讲述他们眼中的新中国伟大成就，唤醒更多香港同胞的“中国心”，增强香港同胞对“我是中国人”的身份认同。其中，《香港歌手张明敏谈“中国心”》一集，在全网获得4亿点阅量，点赞过千万，登上微博热搜前十，并被中宣部和广电总局专题阅评表扬。此外，2020年6月底，在香港国安法通过前的特殊时刻，深圳卫视驻港记者专访了香港大学法律学院教授、香港基本法委员会委员陈弘毅，重点阐释了香港市民热议的“中央在特殊情况下拥有管辖权”指代何种情况，特首有权挑选法官审理涉国安案件具体如何操作等焦点话题。报道一经推出，迅速引起香港舆论关注，香港各家媒体纷纷跟进转载，形成刷屏效应。

二、发挥国际新闻报道优势，讲好中国故事

作为中国改革开放的排头尖兵，深圳经济特区的发展离不开党和国家的全力支持，也离不开深圳各领域、各战线勇于创新、锐意进取的探索实践。“生于斯长于斯”的《直播港澳台》，可以说从诞生之日起，就自带“国家立场，国际视野，深圳表达”的底色。

积极拓展新闻报道范围，探索地方卫视国际新闻报道方式。目前，深圳卫视是国内唯一一家同时获准参与外交部、国防部、国台办例行记者会的地方卫视。近8年来，《直播港澳台》每年派出上百人次的记者赴境外采访，积极报道APEC、G20和金砖峰会等国家领导人出席的重要国际多边峰会，从新闻现场带回最前沿、最直观、最新鲜的报道观察。2018年，国家主席习近平出访巴布亚新几内亚、文莱、菲律宾等三国并出席APEC第二十六次领导人非正式会议期间，深圳卫视记者全程跟进报道，并在会场外独家采访了菲律宾总统杜特尔

特、马来西亚总理马哈蒂尔以及韩国总统文在寅等多位外国领导人。

2019年，第20届东盟与中日韩外长会在泰国举办之际，美国总统特朗普突然宣布对中国3000亿美元输美商品加征关税。在会场外的深圳卫视记者第一时间就此问题向国务委员兼外长王毅独家提问，王毅掷地有声地表示："单方面加征关税肯定不是处理经贸摩擦的正确办法，而且违反WTO规则。"深圳卫视"台前幕后"第一时间联动，对外长发言的报道迅速登上微博热搜榜，向国内民众传递中方"不想打，不愿打，也绝不怕打"的坚定立场，同时还被彭博社、新加坡联合早报、福布斯中文网等境外媒体转载引用，向世界传递出坚定践行多边主义、推动经济全球化健康发展的中国声音。

打造讲好中国故事的电视力量，推动地方卫视新闻报道"走出去"。依托于栏目多年来形成的品牌效应，越来越多的国际政要和知名人士愿意通过《直播港澳台》向世界发声，助推栏目逐渐发展成为我国新闻舆论工作中讲好中国故事的"地方中坚力量"。2018年，在改革开放40周年的重要时点上，《直播港澳台》推出10集体量的《外国政要谈改革开放40年》专栏，专访包括美国商务部前部长古铁雷斯、日本前首相福田康夫、肯尼亚朱比利党总书记拉斐尔·图朱在内的外国政要，讲述他们眼中的改革开放40年。2020年10月14日，习近平总书记亲临深圳，出席深圳经济特区建立40周年庆祝大会并发表重要讲话。《直播港澳台》提前谋划、精准发力，约访诺贝尔经济学奖获得者保罗·罗默，美国著名中国问题专家傅高义，世界经济论坛总裁博尔格·布伦德，中国改革友谊奖章获得者、美国库恩基金会主席罗伯特·库恩等国际顶尖大咖，合力解码"深圳为什么行"。

这些来自境外的智慧之声就像一面面镜子，一方面为节目提供了多重语境下的全新关照，对国内舆论场进行有益补充；另一方面也是借力打力、为我所用，实现服务国家需求、提升境外舆论影响力的目标。

三、抓住媒体融合窗口期，推动“互联网+”电视新闻纵深发展

全媒体时代，留给传统媒体进行转型升级、加快推动媒体深度融合的窗口期所剩无几，未能及时理顺生产机制体制、培养具备全媒体素养的新闻人才、完成全媒体时代资源配置的传统媒体，将面临严峻的发展瓶颈和生存困境。在推动全媒体生产流程改造、进行采编人力资源重组方面，《直播港澳台》觉醒得比较早。目前，《直播港澳台》已形成“1+5+N”的全媒体矩阵，即1个“直新闻”APP，5档电视端节目（包括日播的《直播港澳台》《正午30分》，以及周播深度专题《决胜制高点》《军情直播间》《关键洞察力》），N个涵盖微博、微信、抖音、头条、腾讯、百度等头部平台的传播渠道。

积极创立新媒体专栏，坚持以内容创新作为扩大栏目影响力的核心驱动。《直播港澳台》经过长时期的发展，已经拥有一批黏度较高的观众，节目本身逐渐形成品牌集聚效应，汇聚更多优质新闻资源。在此基础上，以“直新闻”为主体的新媒体具备更强的灵活性，既能更自由大胆地进行内容创新，与传统媒体端实现互补，又因其互联网基因而具备抵达更多受众的可能性，从而为引领互联网空间的舆论导向提供基础。以始创于2019年8月13日的“直新闻”新媒体专栏《香港一日》为例，专栏以“做香港社会的记录者”为理念，为广大关心香港局势的受众提供准确客观公正的报道。时至今日，《香港一日》依然保持“日更”，连续刊载超400篇，选题也延展至香港社会的各个层面。从传播效力来看，专栏文章已有多篇在微信公众号上达到10万+点击量，全网的点击量更多次破百万；从影响力来看，目前专栏已经成为包括香港海关在内的部门发布权威信息的平台之一。而与该专栏一同诞生的《香港一线》以及《直说快评》，前者聚焦深圳卫视驻港记者的一手信源，内容更具独家性；后者侧重对热点事件的快速反应，第一时间亮明媒体立场，抢占舆论话语权。

推进电视媒体与新媒体的联动共振，探索电视新闻产制的流程创新。栏目于2020年8月开始推出的《香港名人看特区40年》专栏，典型地说明了以《直播港澳台》为代表的传统媒体端应如何与新媒体端进行互动，打出一套漂亮的“组合拳”。以深圳卫视驻港记者对时任香港特首林郑月娥的专访为例，10月12日晚播出的《直播港澳台》中，率先释放了时长约13分钟的《专访林郑月娥：乐见深圳发展　期待深化合作》。节目一经播出，迅速引起香港媒体的关注，有港媒主动联系深圳卫视，希望取得节目的转载权。到了晚间22点42分，“直新闻”APP和微信公众号同时刊发《全文|独家专访林郑月娥：不介意被深圳反超　港深要互相过河》（下称《全文》），之后在多个头部平台迅速跟进推出，配合精心剪辑的专访短视频片段，迅速引爆舆论场。

《全文》不仅得到侠客岛、观察者网、全国港澳研究会、新华社瞭望智库、上海国际问题研究所等媒体和机构的转载，更在香港舆论场持续引发热议超过半个月，得到香港Now新闻、明报、香港电台、无线新闻、有线新闻、香港01在内的几乎所有香港媒体的转载，全方位覆盖香港传统媒体和新媒体平台，第一时间抢占了舆论话语权，而实录内容的完整呈现，也极大压缩了香港反对派断章取义、刻意扭曲事实的空间。此外，《全文》在海外华文媒体中也产生可观的影响力，英国广播公司（BBC）、法国国际广播电台（RFI）、路透社、新加坡《星岛日报》、新加坡《联合早报》以及美国多维中文新闻网均进行转载和解读。

就在《全文》持续发酵、继续释放影响力的同时，10月15日晚播出的《直播港澳台》，又播出题为《深港发展既合作又竞争　双城各有各精彩》的评论，解读林郑月娥的专访为何能够引起热议、成为境内外媒体关注的焦点，同时再次阐明深港应深化融合、香港应主动融入国家发展大局的观点。此后，相关评论以“一些港人为何介意林郑月娥的‘不介意’”为主题进行再加工，在新媒体平台进行二次传播，在输出观点的同时，为此前的传播效果“再添一把火”。

此次专访内容的“出圈”，可以视为《直播港澳台》在全媒体传播中的一次积极有益的尝试。这既得益于采编团队长期深耕涉港议题，有能力对热点、“爆点”进行精准预判和议程设置，也得益于栏目逐步成型的全媒体生产流程和人员配置，使得传统媒体端和新媒体端的选题和人员能够“同频共振”，踩准新闻传播的节奏，在关键时刻、关键节点推出关键新闻，继而成为影响关键媒体、关键角色的基础。同时，这一“爆款”的诞生，也进一步证明了“对内”和“对外”两个舆论场并无明显的壁垒，要构建网上网下一体、内宣外宣联动的主流舆论格局，核心要义依然是“内容为王”，只有生产出质量过硬的新闻产品，并尊重新闻传播的规律，才有可能争夺舆论引导的主导权。

看似寻常最奇崛，成如容易却艰辛。历经十四载，《直播港澳台》终摘得中国新闻奖“新闻名专栏”殊荣，背后的每一步都不是轻而易举，每一步都付出艰辛努力。面向未来，相信《直播港澳台》也将继续发扬敢闯敢试、敢为人先的改革精神，为发展成为具有强大影响力和竞争力的新型主流媒体，为提高新闻舆论的传播力、引导力、影响力、公信力而努力奋斗。

【作者均为深圳广播电影电视集团直新闻团队成员】

科技赋能视听盛宴　创意铺就“出圈”之道

张　璇
陈　琳

春晚，作为凝结集体记忆的仪式实践和文化文本，不仅是十几亿中国人除夕团圆夜的“必备菜”和“精神年夜饭”，也是各大电视台展现实力和创新力的舞台，具有无法撼动的“春节档顶流”地位。2022年春节，由北至南，由央视到各省级卫视或地方台，从综合春晚到垂类主题春晚，各式春晚林林总总，热热闹闹，仅是广东广播电视台，就有广东卫视春晚、珠江粤语春晚、老年春晚、少儿春晚等十几台各式广东特色春晚，广东广播电视台的“粤港澳台青年春晚”以粤港澳台青年为主体，以元宇宙为概念，以国潮风为灵魂，用虚拟场景+AR录制+现场实时抠像的手法，以小屏端进行矩阵传播，在大咖加持、流量霸屏、精品爆款迭出的春晚阵营中破圈而出，尤其是“元宇宙国潮风”概念成为春晚档的一股清流，这场主打元宇宙概念和湾区特色的青春年夜饭在港澳台青年群体中引起了不小的反响。

国务院台湾事务办公室发言人朱凤莲在国台办例行发布会上向两岸媒体推介了该台晚会的亮点，并点赞这是一场“有家味、有粤味、有年味和有青春味”的春晚，讲述湾区故事，传递家国情怀。

一、高站位，准定位，策划有新意有心意，凝聚家国爱的力量

受疫情影响，虎年春节有不少港澳台青年留粤过年，如何让身处异乡的港澳台青年度过一个欢乐祥和、平安健康，既有家味，又有粤味，还有年味和青春味的春节，同时让他们感受到来自祖国的温暖和浓浓的年味？广东海外联谊会拟推“湾区过大年，四地心连心——粤港澳台青年新春嘉年华系列活动”，广东广播电视台抓住了这一契机，策划了一场以“虎虎生威向未来”为主题的“粤港澳台青年春晚”。

（一）解构传统叙事，以个体缀连大国

广东是港澳台青年的创业聚集地，是连接海峡两岸及香港、澳门人民的重要文化枢纽，作为拥有湾区区位优势的广东广播电视台，在此台晚会上以高站位谋篇布局，在垂类春晚的思路上找寻突破点，以“青年”为目标人群，以“粤港澳台四地青年心连心”理念贯穿始终，以“虎虎生威向未来”为主题，在策划创意上，除了让粤港澳台青年充分体会到“此心安处是吾乡”的温暖，晚会的核心是“团结”和“凝聚”，展露共通的意象，以跨越地域限制而唤醒和建构抽象化的国家和民族想象，“粤港澳台青年春晚”还力图解构以往的宏大叙事风格，通过书写粤港澳台的青年故事，将家国意象具体化，以微小个体的故事缀连宏大的家国叙事，展现个人化的情感表达。

因此，这一仪式化的晚会展现国家成就的同时，通过既有新意又有心意的节目策划与编排，一方面聚焦粤港澳台四地青年的湾区故事，展现湾区发展日新月异的巨大变化和未来科技兴湾的美好憧憬，另一方面以春节的国潮文化共同体验构筑起基于中国传统文化的“爱的共同体”，传递出家国情怀，串联起粤港澳台四地的文化认同感和精神向心力。

在共同的节日情感氛围中，晚会节目设计以不同的篇章串联起湾区青年的创业梦、体育梦、公益梦，展现粤港澳大湾区青年的中国梦内涵和积极追逐梦想的奋斗姿态，以情感温度共画四地同心圆，用青年故事缀连湾区故事，讲述粤港澳台的故事。

来自中国澳门的新生代演艺代表黄伟燐担任本次春晚的主持人，并献唱一首《黄种人》。录制间隙，他从绿幕舞台走到实时抠像的监视器前，看到自己在屏幕里能在不同年代的场景中自如地穿越千年，不禁慨叹科技的进步与祖国内地的飞速发展，更对自己有幸参与晚会感到由衷的自豪，他说：“中国早已是科技强国，我们感到骄傲，非常愿意回内地发展，见证科技进步和大湾区发展的同时，还能探寻祖国特别是大湾区飞速发展给我们带来的机遇。”

值得注意的是，“粤港澳台青年春晚”是在疫情防控背景下，为留粤过年的港澳台青年举办的一台年轻态春晚，因此，在演员选择上，晚会让许多因疫情无法回家的高校学子登上舞台，让身处异乡的港澳台同胞感受到来自祖国的关怀和“回家”的温暖以及浓浓的年味，展现了人文关怀。

（二）瞄准青年叙事，讲好年轻化大湾区中国故事

“青年如初春，如朝日，如百卉之萌动，如利刃之新发于硎……”1915年，《新青年》发刊词对中国青年崛起提出百年追问，如今得到了响亮回答。

五四运动中，年轻人通过学校、工厂、朋辈群体、报刊和社团等多种平台

聚集，建构了一个新的社会阶层，即青年群体。可见青年更多指向一种文化意涵和精神特质。广东作为改革的先锋和热土，地域上毗邻香港、澳门、台湾，是港澳台青年的创业聚集地。其城市特点和青年气质不谋而合：求新、求变。广东广播电视台便以“青年”为目标人群，立足青年诉求，在垂类春晚的思路上找寻突破点，在虎年除夕夜推出定位精准、主题鲜明的“粤港澳台青年春晚”。

“粤港澳台青年春晚”有别于其他春晚，不在“大众化”上拼明星拼流量，而在“小而美”上做足文章。晚会伊始，就选择弃置豪华的排场，一改以往大气恢宏的宣传片，而是采用一段街访青年的视频“你对元宇宙的理解是什么”作为先导片精妙的开场。

晚会在地域和受众群体上都有着精准的定位，并以“定位精准”引导概念和形式上的思路创新。在策划过程中，晚会首先在选人上将“粤港澳台四地”这一地域特征和“青年”这一文化身份相结合，汇聚了粤港澳台四地的优秀音乐人、舞者、学生等青年群体以及家喻户晓的粤港澳台明星嘉宾，通过粤港澳台杰出青年视角感知湾区脉动，给晚会注入无限青春力量。新一代粤港澳台青年在粤港澳台青年春晚舞台上施展才华、绽放自我，他们血液里的中国文化基因在沸腾，他们对中国文化的自发表达、自信展示，成为粤港澳台青年春晚中国故事里最精彩的篇章之一。

同时，这一晚会深入挖掘本土文化特色。舞台设计上融入了地域的城市建筑、颇具港风的店铺招牌等元素，富有鲜明的地域特色和文化气息；曲目选择则更体现海峡两岸及香港、澳门的文化特色，例如，晚会中，粤港澳台四地歌手通过男女对唱的形式，串联起《大田后生仔》《大风吹》《风的季节》三首分别具有港、澳、台特色的歌曲。以互联网“用户思维”主导的晚会策划思路，瞄准四地青年用户的偏好、意愿和共性，让这台晚会从一开始就完全为青年人而来。

二、求创新，潮文化，以“元宇宙国潮风”演绎中华文化内涵

（一）锚定“Z世代”喜好，传承创意国风

从热门歌曲《权御天下》到河南春晚《唐宫夜宴》出圈，“国风”正在成为Z世代青年社群的“流量密码”。CBNData（第一财经商业数据中心）的报告显示，B站上近乎九成的国风爱好者都是Z世代。Z世代是1995—2009年间出生的一代人，Z世代青年生来即为网络原住民，热爱开放包容的文化属性，向往归属感以及社群认同感。Z世代青年群体也正是“粤港澳台青年春晚”的核心受众。国风之潮正当时，但更聚焦到粤港澳台四地青年，可以发现，热爱传统与追求新奇两种特质在四地青年身上同时展露出来。进言之，弘扬传统国风文化并非意味着技术手段的返古，而是需要积极调用新的表达手段和呈现方式，以更好地扩大传统文化的声量。

“粤港澳台青年春晚”紧紧围绕Z世代青年的喜好，将国风元素和其他视听元素进行拼贴，例如，《我们的新国潮》节目将耳熟能详的网络热门歌曲和弦乐、说唱、武术、街舞相结合，用富有新意的方式传递中华文化、中华精神、岭南文化。又或是在《电音粤剧》中，经典粤剧搭配酷炫电音，传递“既继承又反叛”的青年精神。又如《少年中国说》以粤港澳台四地年轻人慷慨激昂的朗诵和四地艺人联唱的方式，糅合了粤剧、南狮等岭南文化元素表演，充分体现粤港澳台青年的精神风貌。

（二）“元宇宙＋国潮风”混搭

除了在节目内容上进行创意化改造，“粤港澳台青年春晚”还将“元宇

宙”与“国潮风”这两个备受青年群体关注的新潮概念进行拼贴、糅合，提炼出“潮流+传统”的关键词，这也是整台晚会互相碰撞生辉的两条风格线。

“元宇宙国潮风”始终贯穿在晚会主持人形象设定、节目编排、节目创意等各个环节。晚会的主持人除了由粤港澳台四地的主持人共同担纲，体现鲜明的四地联欢特色外，还加入了来自“元宇宙”的虚拟主持人。虚实结合的主持人队伍分为“元宇宙队”和“国潮队”，通过不同风格的人设设置、各具特色的节目PK，充分演绎了“元宇宙国潮风”的概念。如原创歌曲表演《湾区好》，在缓缓打开的国风画卷中，虚拟数字人和外籍主持人身着旗袍和唐装出场，虚拟数字人以粤语朗诵诗词，外籍主持人以RAP说唱，带出了原创歌曲的深情演绎，节目融合了潮流和传统元素，充满了跨次元科幻色彩。而类似的“融合态”节目在晚会中比比皆是，春节传统文化、非遗文化、粤剧等中华传统文化元素，都能在混搭中得到创新表现，以年轻态的形式在四地青年中引发情感共鸣。而在创新概念下引发的炫酷虚拟舞台、挥手翻转舞台特技、电音跨界粤剧、旗袍穿越、创意快闪等形式及节目创新，更是引发全屏盛赞。为观众献上极具湾区特色、时尚与科技感兼备的视听盛宴，有网友在收看直播时留言“这是春晚年轻时”。

三、高科技，多形态，以虚实结合技术赋能内容生产

（一）虚实结合，跨越地域和时空

这一台面向青年群体的春晚除了在内容上进行革新之外，也积极通过场景创新在视觉表达形式上进一步突破。梅罗维茨将社会场景看作“信息系统”，这种场景抛弃了固定的时间地点，打破了面对面交往的局限，而身处不同的场景之中时，人们的应对方式不同且时刻变化。数字媒介的发展则使得场景的即

时切换、叠加和改造成了可能，场景的变幻也将进一步丰富用户的视听体验和情感交流。

“粤港澳台青年春晚”首先在舞台设计上打破传统实景舞台的搭建和拍摄手法，全程采用“虚拟场景+AR”的录制方式，搭建虚拟春晚舞台，搭建多个场景，运用“挥手翻转舞台转场”等特技，实现了国潮风、未来风、民国风、仙气风、玄幻风等风格各异的虚拟舞台的自由转换，自由的舞台设计也使得元素的叠加和拼接成为可能，带领四地青年穿越虚实，体验时下最火的“元宇宙”概念。

表演者在绿幕前表演，通过后期抠像的方式达到不同主题和风格场景切换的舞美效果。导演组根据节目的调性来进行后期合成，通过现实中无法实现的转场方式来进行切换。比如，台上的歌手把手一挥，就能把整个舞台180度水平翻转，切换到下一个节目。中国联通虚拟数字人伊依参与互动，动捕技术生成粤语诗词吟诵及贺年歌曲对唱节目的运用，让晚会平添神秘的高科技色彩，观众穿梭于虚拟与现实之中，一方面享受了这场科技感、舞台感十足的晚会，一方面让观众多维度体验科技兴湾科技强国的魅力。本次春晚还充分运用融媒体表现手法，借助“云连线”将广州与深圳、珠海、佛山各地场景巧妙融合，让科技拉近人们之间的距离，使得整台晚会横跨四地，却毫无距离感，让疫情防控下的晚会实现了“人少场不空”的效果。

（二）跨次元互动，增强离线“在场”感

依托于动捕等技术，表演者“中之人”的一举一动显现在荧屏上的虚拟主持人身上，对于观众而言，观看这样一台晚会则不只是一个新奇的行为，而是变成了混合形式的数字交往，双方从而展开“跨次元”互动。而对于在线收看晚会的用户而言，观众在线进行离身化观看，观众和虚拟主持人双方身体的缺

席增强了想象的共同在场。

晚会设置“元宇宙直播间”，实现了多个场景的无缝切换。“元宇宙直播间”既是个虚的概念，又具备了实的内容。元宇宙主持人“十二妹”在访谈中采访了在粤就业创业的港澳台青年代表、体育明星苏炳添、参与乡村振兴工作的香港90后等，通过串联一个个平凡或者不平凡人的小故事，展现湾区发展、冬奥会、乡村振兴等热点话题。作为一台青年春晚，高科技加持也是晚会的一大创新着力点。不过，概念上的新颖需要形式及内容的支撑，才能丰富创新的内涵，形成完整的创新呈现。

四、网感强，多维度，以矩阵传播领跑年轻赛道

（一）打造“小而精”体量，造话题“霸屏”

央视春晚一般采用海量节目的战术，使受众在长时间的观看实践中建构起国家想象，并形成与之相伴随的仪式化行为如新年敲钟等。“粤港澳台青年春晚”则显得更加轻巧，晚会总长70分钟，试图颠覆长、慢、神圣化的传播仪式，积极纳入快节奏的、网感强、易于传播的节目形式，如说唱、街舞、创意快闪等，营造轻松欢脱的青年春晚的氛围。

在“注意力”时代，“酒香仍怕巷子深”的言论并非妄语，只有缩减传播体量，突出传播记忆点才是传播之道。在传播体量上，青年春晚充分考虑年轻人不会留驻很久的收看特点，总时长控制在70分钟。同时广东广播电视台对视频进行切片，单个视频时长控制在1—2分钟，在广东移动频道的视频号播出，通过精巧、短小的视频进行快速、“霸屏”式热度传播。

同时，在春节档“传统春晚”强势霸屏的情况下，“粤港澳台青年春晚”在播出及宣传平台的选择上，首选青年人的主阵地——社交媒体平台，并以短

视频、中视频、H5等多种形式，在抖音、哔哩哔哩、Youtube、Facebook等平台20多个全媒体端向全球进行播出。

（二）快而全的传播路径，全矩阵覆盖

虎年除夕夜，“粤港澳台青年春晚”的晚会直播通过广东移动频道及其触电号、视频号，以及人民网、新华网、央视网、南方网、学习强国、粤听APP、荔枝网、Youtube、Facebook、抖音、哔哩哔哩、南都APP、N视频等网络渠道进行全球播出，创模式之新，领科技之先，播出平台达16个，网络播放端口达20个，全网观看量突破500万，掀起网络青春风暴，凝聚粤港澳台青年人心，赢得口碑与收视的双丰收，全平台覆盖矩阵出击，引发小屏春晚潮。在播出时间上，晚会也结合青年用户上网的时间偏好，选择在除夕夜的18：00进行播出。

同时，围绕“粤港澳台青年春晚”而打造的短视频全屏出击。十数家主流网媒、电视媒体推送相关短视频达200+，造“台风级”话题。融媒矩阵多维度新闻预热强势破圈，人民日报、新华网、南方+、羊城晚报、广州日报、南方都市报、触电新闻等权威媒体及公众号推出图文报道100多篇。

“粤港澳台青年春晚”的举办引起了社会各界广泛的关注。港澳台知名人物梁振英、罗亦龙、吴荣元、霍启山，体育界代表苏炳添、乔红、冼东妹、杨维、罗玉通等，以视频的方式为在粤过年的港澳台青年送上新春祝福，让粤港澳台青年充分体会到“此心安处是吾乡”。

结语

“粤港澳台青年春晚”作为一台立足于粤港澳大湾区、围绕青年群体的

春节晚会，主题鲜明，既具有较高的政治站位，又做足青年文章，在意识形态和青年特色中达成了有益的平衡。作为广东首台专门面向青年群体的“粤港澳台青年春晚”，在虎年“春晚档”中，以其“小而美”的体量，掀起“元宇宙国潮风”，带观众共赴了一场创新的盛会。其在形式和内容上进行“年轻化”的锐意创新，以高科技融合艺术，以创意拓展文化内涵，以高技术提升视觉体验，为今后的春节晚会的年轻化变革提供了思路。

【作者张璇系广东广播电视台数字频道管理部副主任，
陈琳系广东广播电视台编辑委员会办公室融媒统筹科科长】

参考文献：

[1]刘宏森.五四运动与青年聚集[J].青少年研究与实践,2019(02):5-14.

地市区县融媒探索

全国话语平台语境下的区县级融媒体中心发展
——广州市 11 区融媒体中心改革探索研究

刘　云
张桂萍
林诗妍
陈施敏

习近平总书记在全国宣传思想工作会议上强调，要扎实抓好县级融媒体中心建设，更好引导群众、服务群众，不断增强“四力”（脚力、眼力、脑力、笔力），努力打造一支政治过硬、本领高强、求实创新、能打胜仗的宣传思想工作队伍。

本课题针对媒体融合和传播现状，从融媒体顶层设计、机制体制、运营模式、盈利模式、人才留存和人才培养、产业布局出发，对广州市11个区级融媒体中心进行了考核调研，为区县级融媒体发展提出改进建议，助传统媒体破冰前行。

为响应国家建设县级融媒体中心的号召，广州市一直在着力建设云端共联平台，打造有地方特色的区县级融媒体中心“广州样本”。

一、广州市各区融媒体中心发展现状

2018年11月14日，中央全面深化改革委员会第五次会议审议通过《关于加强县级融媒体中心建设的意见》，县级融媒体中心建设迎来前所未有的机遇期。

截至2019年10月12日，广州市11个区融媒体中心全部完成挂牌。10月22日，由广州日报报业集团以及广州广播电视台共同建设的广州市区融媒体中心客户端——“新花城”APP正式上线。

笔者走访发现，目前广州市区县级融媒体中心还处于初步探索阶段，然而，番禺区和黄埔区则较早开启了区级融媒体中心建设探索之路。

（一）市级融媒体一体化平台助力全国话语平台建设

为实现覆盖全市的基层媒体传播一体化格局，广州日报报业集团和广州广播电视台共同建设“新花城”移动客户端，作为市区统一的融媒体云平台。广州市区融媒体中心客户端通过“新闻+政务”“新闻+服务”“新闻+社区”的模式探索，形成上接中央媒体及省级平台、下连各区及下属街道的中—省—市—区—街五级传播矩阵。“新花城”平台进一步深化了以区县为单位的地方传统媒体互联网思维融合实践，实现了“最后一公里”的地区信息服务联结。

区县级融媒体中心将作为官方传播平台以及社会综合服务平台服务于国家治理体系。全国一体化的融媒体服务网络将消除区域间的信息壁垒，完成信息贯通，实现中央信息到地方、地方信息到中央的零时差发布。这将有助于各地社区网络联结形成全国性的官方信息发布网络，降低互联网时代政府话语权建设的运作成本。

（二）“两个中心”布局引领线上线下“一公里生活圈”建设

笔者走访发现，虽然目前广州形成具体方案并投入区县级融媒体建设的只有少部分区，但广州市围绕新时代文明实践中心和区县级融媒体中心之“两个中心”的引领布局已经初具雏形。

“新花城”所代表的全市基层媒体一体化平台联合各区融媒体中心打造具有地方特色的品牌栏目，精准对接全国性重大主题，创新新时代文明实践的舆论引导格局。同时，依托广州日报报业集团微社区e家通深入服务全市140多个街道的优势，形成社区信息枢纽，切实构建百姓身边的线上线下“一公里生活圈”。

相较于广州市委宣传部统筹、人民日报媒体技术股份有限公司提供技术支持的新花城平台，广州各区融媒体中心呈现出区域发展不平衡及技术基础相对薄弱的特点。

此外，受限于人才缺乏以及技术支持等问题，虽然各区融媒体平台也结合新时代文明实践制作了部分新媒体内容产品，定期为民众提供地方生活娱乐资讯、开展公益性质的教育培训，但整体仍缺乏有足够冲击力的流量案例，产品开发能力有待进一步提升。

（三）单双轨模式下的多元体制机制改革路径

目前广州市区县级融媒体中心主要可分为两种发展模式：一是以地方电视台及新闻中心并行的双轨制，二是地方新闻中心一家独大的单轨制。在融媒体建设背景下，两种类型的区县级融媒体中心形成了各具特色的体制机制改革路径。由于地区资深媒体资源条件各异，媒体平台融合改革的侧重点也各不相同。

以天河区、荔湾区等为代表的“单轨制”模式体制规模较小，在地方上发挥的传播影响力有限，对市级以上主流媒体平台的依赖程度更深。为补足媒体资源的欠缺，单轨制融媒体中心以“增补”为主，通过不断拓宽新媒体宣发端口，提升内容产品的多元性和平台影响力。

以番禺区、从化区、花都区、增城区为代表的“双轨制”模式侧重通过推动采编经营分离实现新闻生产分发及运营机制的精简化，提高融媒体中心运营管理效率，解决编制队伍过于庞大、上下思想缺乏统一性、体制机制功能冗杂等问题。

二、广州市区县级融媒体中心建设存在的问题与解决路径

区县级融媒体改革是一场自上而下的改革攻坚战，不仅要求从部门组织架构和运营管理机制入手转变生产关系和业务思维，还要求从“人”的层面保障改革政策的切实落地和成果产出的效率质量。

（一）重塑生产关系：体制机制改革精简化、内容技术平台高效化

目前广州各区融媒体中心以一类、二类公益事业单位两种体制模式为主。基础媒体技术资源较为薄弱的单轨制地区往往实行全财政拨款的一类编制，而双轨制地区由于前期资源相对丰富、内容生产和经营统统能力相对较高，开始探索以半财政拨款的二类事业单位编制为主的自主营收道路。

无论采用哪种事业单位编制，区县级融媒体要始终贯彻“采编经营分离”“结构体制精简”的改革思路。深化区县级融媒体改革需要明确事业单

位编制，实行按劳分配、按优分配的绩效考核制度，破除传统媒体时期故步自封、追求安逸的陈旧作风；淘汰无效、低效的媒体项目、鼓励新型互联网媒体项目研发，从业务层面促使采编经营队伍转变工作思维；重视各部门领导班子的带头作用，由部门领导带头参加融媒体发展建设集体学习，统一上下队伍思想，有效提升融合改革细则落实；完善中央、省级部门和区县级融媒体信息的上传下达机制，加快融合实践问题的反馈解决，解决目前区县级融媒体形式化、突破见效缓慢等问题。

（二）传统思维转变：技术内容双轮驱动实现“互联网＋”转型路径

目前大众媒体阅读已经进入读屏时代，当“两微一端”“中央厨房”成为众多融媒体机构的标配时，区县级融媒体却往往发现尽管技术平台拓宽了，仍然不具有与商业化新媒体一争高下的实力。区县级融媒体在报道地方新闻时，依然会出现传统报道当中存在的会议式报道、官话套话等问题。

传统媒体机构转型为区县级融媒体需采用技术内容双轮驱动模式，以提供新闻资讯、政务服务以及社区综合服务及资讯等功能为各地区民众提供服务，建立与移动互联网生态相适应的新型媒体平台。

传统媒体平台与新媒体平台内容以差异化和互联、互通、互补为原则，在吸收新媒体内容生活化、形式多元化优势的同时，发挥自身在政务民生策划、社区渗透、社会政务资源和媒体资源方面的优势，打造具有影响力、传播力、引导力的现象级精品。

笔者认为，区县级融媒体在发展过程中，应避免因过于依赖技术平台而导致技术建设碎片化、缺乏统筹规划布局、融媒体见效转型突破慢等问题。各区应避免中央厨房遍地开花，导致资源浪费。中央厨房系统依托大数据云计算和移动互联网技术，将采访、编辑、效果监控、市场化运营整合在一起，应当最大限度地发挥人员的专业性，提高劳动生产效率。区县级融媒体中心可考虑将采编资源、业务资源、数据资源进行整合，采取前端技术部分外包或与技术开发企业合作共赢机制提高技术投入的产出效能。

（三）体制机制驱动的人才留存与人才培养

在调研中，笔者发现，过去区县传播机构中同工不同酬、在编人员与非在编人员收入差距大、人员思想僵化、薪酬考核分配制度模糊等问题是造成人才流失、机构缺乏活力的主要原因。在媒体融合过程中，这些问题进一步阻碍了区县级融媒体机构的健全发展。要以体制机制优化驱动区县级融媒体人才问题的解决，必须从宏观和中观层面进行体制机制优化。

从中观层面来讲，融媒体机构内部的运营管理效率、内容生产流程合理性、薪酬分配制度、人才培养机制与其人才留存度以及人才培养成效息息相关。区县级融媒体中心应从自身体制机制优化出发，以体制机制改革驱动人才问题解决：一是通过鼓励在岗人员策划执行全媒体项目，推行网红制度，充分激发在岗人员积极性，培养适应全媒体生产经营管理的复合型人才、创新人才；二是资源分配向优秀人才倾斜，强化绩效激励机制，提升采编人员的获得感与成就感；三是打破分工、部门、专业等限制，实行采编人员竞聘上岗，形成你追我赶、奋勇争先的业务氛围；四是完善员工培训和集体学习机制，为员工提供集招聘、引进、培养、培训、管理于一体的发展平台。

从宏观层面来看，体制机制对解决区县级融媒体人才问题的驱动作用还在于打破中央、省级媒体资源分配的倒金字塔模式。区县级融媒体人员由于往往难以接触到专业媒体资源，在编制、职称、晋升评选处于尴尬地位。上级宣传部门应进一步完善区县级融媒体的职称评估及绩效评估体系，突破专业媒体资源分配的倒金字塔结构，打破区县级融媒体从业人员发展的天花板。通过转变媒体复合型人才对区县级融媒体发展限制的固有印象，从体制机制上给他们荣誉感和职业骄傲，才能真正提高区县级融媒体中心的人才留存度和培养成效。

（四）打破地区媒体生存困境：实现自主盈利，延伸发展文化产业

在融媒体转型过程中，传统广告收入难以支撑起区县级融媒体中心的日常运作，往往容易出现党政企业两不靠的尴尬局面。要打破区县级融媒体生存困境，区县级融媒体机构应学会转变思维方式，形成新媒体支柱产业，实现自主营收，用市场化手段重占主流舆论阵地。

要打造复合型内容文化产业链，为传播主业发展壮大提供物质支持，区县级融媒体中心可有以下三种发展手段：

一是区县级融媒体应积极参与新媒体产品研发先行先试，占领地方主流舆论阵地。

区县级融媒体由于起步慢以及自身定位限制，在地方的市场化竞争处于劣势地位。从番禺互联网市场来看，目前番禺区融媒体中心在传媒市场占比不足10%。为充分利用地区政务资源和传统媒体资源，区县级融媒体中心应积极推进市场新媒体产品研发，打造爆款网红产品，重占主流舆论阵地。通过加强线上线下联动，形成地方多层次人群的品牌效应，为下一步结合地方特色资源发展衍生产业打下基础。

二是资本运作聚集人才技术队伍，倒逼融媒体机构体制机制变革。

区县级融媒体主要由传统媒体机构组成，班子成员往往不具备适应商业化市场竞争的综合能力。市场化资本运作能够快速聚集媒体集团融合发展所需的优质内容资源、技术资源、用户集群和人才队伍，反向促进体制机制优化改

革，为后续的持续创新融合提供物质基础。

三是区县级融媒体中心经营应与现代信息服务业以及现代文化产业管理相适应。

通过“传媒+园区”“传媒+实业”“传媒+金融”等创新产业模式，进一步聚集内容资本技术等要素，形成不断发展的良性产业闭环。结合地方特色产业打造文商旅品牌产业链，实现本土影响力资源变现，全面盘活地方文化品牌资产。

未来区县级融媒体中心应以用户为核心，以数据为核心驱动力，建设集新闻传媒、数字文化、智慧政务服务和文创产业于一体的综合性地方传媒平台，实现融媒体时代的产业创新。

【作者刘云系羊城晚报广州新闻全媒体编辑部副主任，张桂萍系《岭南传媒探索》杂志编辑，林诗妍系羊城派 APP 问吧频道编辑，陈施敏系暨南大学新闻与传播学院硕士研究生】

县级融媒体助推社区传播生态系统构建
——以番禺区融媒体中心为例

余来辉
李文峰

2019年7月18日，番禺区融媒体中心正式挂牌运行，成为广州市首个挂牌的县级融媒体中心。为打通媒体融合和社区传播“最后一公里”，做到真融真合，番禺区融媒体中心做了大量富有成效的基础性工作，率先打造“媒体+政务+服务”新模式，走出一条主流媒体高质量融合发展的新路子，构筑物理社区与网络社区有效联动的社区传播良好生态，更好地满足了广大人民群众的需求。

一、作为融合性社区沟通网络的县级融媒体

社区与传播天然就结合在一起，社区就是由传播所构成的网络，传播凝聚社区。社区传播，泛指以本社区为传播范围，与社区受众积极互动的传播活

动。社区媒体泛指一切面向社区发行或者传播的媒体。从这个最为广泛的概念来看，我国的社区媒体除了传统的社区广播、社区布告和社区标语之外，还有当下的社区报、社区网站和社区微信群。作为我国新闻事业的基层组织，县级媒体是最贴近基层、贴近群众的媒体，在构筑社区传播生态中扮演着重要的社区媒体角色。而如果从整体的社区传播生态视角来考察，有学者就指出县报其实就是一种社区报，而县级融媒体中心则是通过移动互联网建设网络平台，叠加媒体传播的覆盖，建立起了交互频繁、沟通顺畅的“县域社区”。本文亦是基于这一整体层面的社区视角，考察县级融媒体在构筑“县域社区”传播生态中扮演的独特角色。

互联网技术的快速发展和普及，信息的无处不在、无所不及、无人不用，不仅使舆论生态、媒体格局、传播方式发生深刻变化，而且使社会组织运作、动员能力、工作方式、生活状态等发生了前所未有的变化。当前，国家大力推动融媒体发展，融媒体建设已经从中央向地方渗透。县级融媒体是互联网和移动媒体同原有的县级媒体相加相融，通过流程优化、平台再造，实现各种媒介资源、生产要素的有效整合，实现信息内容、技术应用、平台终端、管理手段的共融互通，结合群众使用新媒体的习惯，推动理念、内容、形式、方法、手段等创新，不断增强群众认同度、信任度、喜爱度，切实提升县级融媒体中心产品的传播力、引导力、影响力、公信力。在实践中，县级融媒体中心利用其贴近基层、接地气的优势，遵循“本地人写，写本地事，写给本地人看”的原则，制作更多原创性的融媒体产品，最终构筑一个融合性社区沟通网络。

二、基于县级融媒体的社区传播生态系统构成

在社区传播生态系统中，地理社区传播场域与网络社区传播场域“双区联动”，信息传播平台、政务沟通平台和综合服务平台“三位一体”，人际传播

网络、组织传播网络和大众传播网络“三网交织”（见图3-1）。

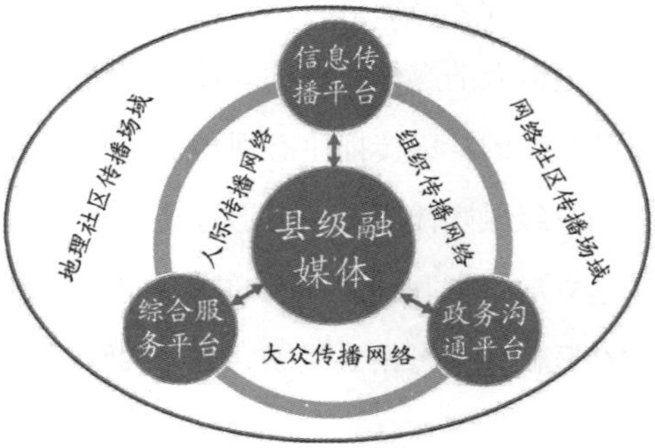

图 3-1　基于县级融媒体平台的社区传播生态系统

（一）地理社区传播场域与网络社区传播场域“双区联动”

“融媒体”是充分利用媒介载体，把广播、电视、报纸、互联网等既有共同点，又存在互补性的不同媒体，在人力、内容、宣传等方面进行全面整合，实现“资源通融、内容兼融、宣传互融、利益共融”的新型媒体。作为最接近基层群众的媒体，县级融媒体中心建设将打通媒体融合的“最后一公里”、连接群众的“最后一公里”、基层服务的“最后一公里”，迎合全媒体时代的发展要求，更好地满足广大人民群众的信息需求，深化主流价值的传播影响力。县级融媒体中心把地理社区与网络社区结合在一起，适应分众化传播趋势，突出本土化和接近性原则，提高信息供给质量，对于营造风清气正的网络空间、形成网上网下同心圆、构筑良好的社区内传播生态具有重要作用。在地理社区传播场域中，县级融媒体通过镇街新闻员机制、社区活动组织等，加强地理社区传播活力，增强社区凝聚力；在网络社区传播场域，借助新媒体技术，通过社区微博、社区微信群等形式，加强线上社区交流，提升社区凝聚力。县级融媒体打通地理社区和网络社区两个传播场域的信息沟通，实现居民与社区线上线下无缝衔接。通过地理社区传播场域和网络社区传播场域的有效联动，县级融媒体中心为社区居民提供线下线上信息交互的空间，构建良好的社区传播生态，以促进社区共识的达成。

（二）信息传播平台、政务沟通平台和综合服务平台“三位一体”

县级融媒体中心建设是新时代治国理政新举措，是强化新闻舆论阵地、提升社会治理水平、加大风险防范力度的有效方法。2018年9月，中宣部在浙江省长兴县召开县级融媒体中心建设现场推进会，强调“努力把县级融媒体中心建成主流舆论阵地、综合服务平台和社区信息枢纽”。结合自身在媒体融合过程的实践，番禺区融媒体中心构建了“媒体+政务+服务”模式，打造了一个集信息传播平台、政务沟通平台和综合服务平台为一体的融媒体综合平台。

信息传播平台，是指采、编、发平台，实现多源采集、一体编辑、多维发布，形成统一稿库，实现内容发布共享，产品形式多样，发布平台主要包括报纸、电视、网站、客户端、手机站、微信、微博、数字报、小程序等融媒体新闻传播终端。

政务沟通平台，坚持“党政满意、群众喜欢、市场需要”的宗旨，旗下报纸、电视、电台、新媒体设置了一系列专栏专题，实现“媒体+政务”在宣传上的常态化，发挥了政务信息发布、政策解读、民生热点引导等作用，真正落实政务信息传播“贴牢党政、贴紧基层、贴近群众”的“三贴”理念。

综合服务平台，强调服务群众，突出服务事项，不断开发适应群众日常生活需求的服务功能，将党建服务、政务服务、公共服务、电子商务、文化服务、民生服务、互动服务和舆情服务作为基础服务能力的支撑，落地展开，使县级媒体云管理平台真正做到服务群众、引导群众。

从社区传播视角来看，县级融媒体的这三大平台不是各自独立的系统，而是都在社区传播生态中，定位有所不同，综合发挥信息传播、政务沟通和综合服务功能，最终真正实现信息传播平台、政务沟通和综合服务平台的“三位一体”。

（三）人际传播网络、群体传播网络和大众传播网络“三网交织”

作为一种特殊的传播生态，社区传播是嵌入日常生活的传播类型，是特定地域共同体内居民的全方位接触，包含人际传播、组织传播和大众传播等多种形式。县级融媒体中心通过镇街联动机制，深耕当地内容传播，实现本区内容资源（稿库）的统一共享，统一分发，重塑舆论阵地。番禺区融媒体中心完成新闻网、数字报等平台升级改造，建设“掌上番禺”APP，形成具有番禺特点的“广播+电视+报纸+网站+客户端+微信+微博”全媒体宣传矩阵，构建了人际传播、群体传播和大众传播相互交织的融合性社区沟通网络。

人际传播网络，指县级融媒体根据社区的实际需求所构建的社区人际传播，既可以是地理社区的面对面直接传播，也可以是以县级融媒体为中介的间接传播，依托线上融媒体矩阵，借助微博、微信等在线交流工具，促进线上人际交流和信息传播。

群体传播网络，指县级融媒体通过社区网站、社区微博、社区微信群和社区服务移动客户端，有效地发挥社区沟通的作用，帮助社区管理机构实现居民的知情权、表达权和参与权，在线上线下营造“人人为我，我为人人”的社区氛围。

大众传播网络，指融媒体中心建成一体化全媒体内容管理系统和集内容生产系统、指挥调度系统、融媒直播系统、舆情监测系统、综合服务系统等一体运作、协同运营的综合性融媒体平台，健全广播、电视、报纸、新媒体等四套策、采、编、发、评新闻生产操作流程，实现重要活动、重要新闻事件视频连线、实时播报。需要说明的是，在全媒体传播时代，传统社区传播中的人际传播、组织传播和大众传播活动的边界日益模糊，基于融媒体平台的信息传播活动在线上线下社区相互交织成为常态，县级融媒体正成为融合性社区沟通网络。

三、县级融媒体助推社区传播生态系统构建的实践

（一）融入社区居民日常生活，打造首属媒体社区

番禺区融媒体中心积极探索“媒体+政务+服务”模式，充分发挥党政信息发布、政策解读、民生热点引导等媒体功能，践行云平台化运营思路，通过提升运营能力呈现云平台价值，从单一的内容供应商向公共服务运营商转换，助力政府科学决策，为市民提供精细化服务，切实打通舆论宣传和为人民群众服务的“最后一百米”。该融媒体中心以“掌上番禺”APP为龙头，统筹管理的新媒体号从20个增加到40多个，新媒体日发稿量从原来的30条增至150条，矩阵涵盖《番禺日报》、番禺电台、番禺电视综合频道、16个镇街融媒体号、番禺发布、番禺政府网、番禺公共服务、番禺旅游、番禺教育新闻等政务号，超40个番禺区内的党政部门、镇街及商业单位进驻；粉丝数合计超过300万，文章阅读量单月最高超570万，直播及短视频点播观看量单月最高60万，成为番禺区最权威、影响力最大、用户粉丝数最多的主流媒体。“番禺台”微信公众号在全国县级媒体微信号百强中位列第6名，番禺电视综合频道在本区收视率稳居第一，番禺电台也是本地区车载人群收听率第一的频道。数据显示，番禺区融

媒体中心旗下媒体，全面融入当地居民的日常生活，已成长为居民的“首属媒体社区”。

（二）专注在地内容生产传播，打造社区生活共同体

社区传播的最大特色在于“地域和亲情”，“原创、精品、深度、本土的内容”是县级媒体融合的最大优势所在，也是增强社区凝聚力，打造社区生活共同体的关键力量。番禺区融媒体中心着力本地内容生产，接通地气，深挖亮点，讲好番禺故事，打造专属番禺人的地理社区和网络社区：《禺山清风面对面》《公众视点》等问政、舆论监督类节目坚持“以问题为导向、传递正能量”宗旨，倾听企业、群众心声，切实解决事关企业、群众切身利益的问题；创新举办“我爱诗词——番禺区中小学生诗词大会”，在线答题量300多万，累计投票100多万，成为全媒体运作的成功范例；连续两年举办番禺春节联欢晚会等大型文化传承活动，300多万人通过各大网络直播平台观看了2020年“家在番禺”春晚直播，充分展示“家在番禺”的温馨、粤韵番禺的独特历史文化和番禺人民对未来的美好期盼。

（三）推进基层精神文明建设，营造社区正能量场

2018年9月中央政治局委员、时任中央书记处书记、中央宣传部部长黄坤明同志在北京调研时强调“要深入推进融媒体中心建设，聚焦宣传群众、凝聚群众、服务群众，着力打造基层宣传工作和精神文明建设的重要平台，打造为民排忧解难、做群众思想政治工作的重要平台”。作为基层媒体机构，县级融媒体在营造健康向上的社区文化环境和居民精神面貌上具有独特优势，是我国开展基层精神文明建设体系的重要构成部分。番禺区融媒体中心积极探索基层

精神文明建设新模式，深入推进区融媒体中心、新时代文明实践中心、“扫黄打非”基层站点“三合一”融合共建，将融媒体中心矩阵资源、基层线索捕获优势、新闻舆论监督力量结合起来，与全区379个“扫黄打非”基层站点、新时代文明实践站实现互联互通，形成一股强大的弘扬正能量的社会文化氛围，营造了健康向上、规范有序的文化环境；与最基层的农村、社区、单位、企业建立有效联系，确保在番禺内任何时间、任何地点发生的新闻都能及时掌握了解，尤其在疫情防控期间确保不漏一个先进典型，不漏一个感人故事，全力以赴讲好番禺故事，传播番禺声音，树立番禺形象，传递番禺正能量。

（四）赋能地方经济社会发展，打造社区商业生态圈

县级融媒体中心在坚持舆论导向、社会效益先行的基础上，拓宽经营渠道，发挥传统媒体的公信力强等优势，探索注意力经济的新模式和新方法，以跨界合作、跨区域合作等方式，延伸“媒体+”“融媒+”“广电+”等产业链，支持并反哺新闻媒体的主业，盘活副业，形成融媒体中心建设良性循环，也助推地方商业生态圈的构建，从而赋能地方经济社会发展。番禺有线借助广电商城、媒体平台、有线电视等多重业务，吸引了来自各行各业的优质供应商、合作商、商家联合机构资源，受邀开启商家联盟服务，建立广电商家联盟。番禺有线“禺乐生活”商家联盟，是番禺有线以“资源共享、整合共赢”为出发点，打造连接番禺区本地优质商家和家庭用户的“番禺生活圈”，是番禺有线作为本地信息服务商的价值延伸，拓展了经营空间。此外，番禺区融媒体中心主动对接地方经济发展需求，探索融媒体赋能地方经济新方式，如联合区厂商会促进“番字号”带货精准对接，与番禺人才办及各镇街合作举办全媒体招聘活动，多方位推动番禺复工复产复商复市复学；积极响应政府“暖企”号召，结合当前“直播带货”热潮，组织承办了两场“区长带货番禺严选”活

动，既把番禺企业、番禺产品推向了市场、拓展了销量，也扩大了番禺品牌的影响力。

（五）发掘智能媒体传播潜能，打造社区精细化治理智库

县级融媒体中心打通各媒体之间资源、能力、渠道以及价值等全方位的互联互通，构建由策划指挥、采集和汇聚、内容生产审核、全媒体矩阵管理发布、传播效果分析、绩效考核系统、综合服务、网络安全、运行维护和监测监管等部分组成的融媒体云平台，能够发挥媒体智库优势，及时有效地为政府部门出谋划策，挖掘、整合资讯资源，提供政务增值服务。番禺区融媒体中心积极开展“5G+AI”技术应用，借助大数据分析，推动媒体融合向智媒体转型；通过大数据监测服务进行指挥调度，进行全流程可视化展示，对全网监测的内容、发现的线索，进行舆情监管、传播分析，从而发现最新新闻热点、挖掘潜在热点和查看详情；为宣传部、网信办开设监管渠道，实现本区域信息发布全流程效果监控与监测、突发新闻预警，形成舆情报告，进行效果评估、舆情引导；通过4K高清互动平台，以智慧广电+社会服务为重点，创新广播电视公共服务内容和业务承载形式，推动广播电视公共服务由功能型向智慧型转型升级，为城乡用户提供更加优质的高清电视、移动交互等广播电视服务，智慧教育、数字文化、远程医疗等综合信息服务以及智慧政务、智慧社区、应急广播等社会管理服务，为提高新型城镇精细化治理能力提供基础网络和平台支撑。

（六）发力传统文化传承传播，打造地方文化创意中心

作为地方性媒体，县级融媒体在“地方感”的营造上，能够发挥自己独

特且不可取代的作用，通过形式各异的融媒体产品全方位、全过程地展示地方传统文化，让当地受众感受到亲切的“地方感”，增强对地方文化的认同。番禺区融媒体中心主动承担起地方传统文化传承、发展、传播的重要使命，深入挖掘本地优秀传统文化，不断赋予传统文化新的时代内涵和现代表达形式，并不断补充、拓展、完善：探索影视制作和4K节目摄制，中心拍摄制作的4K高清纪录片《记忆番禺》已获多家发行机构发行，投资参与电影《雨打芭蕉》摄制工作，深耕番禺本土文化，打造本土宣传文化品牌项目，同时，还积极探索地方文化创意产业发展新路径，增强可持续发展能力，完成“影视文化创意产业园”项目规划工作，以番禺报业广场地块为基础，规划打造影视策划后期制作、影视中心剧院、影视文化旅游宣传、文化创客集聚空间、影视教育培训中心五大功能齐聚的产业园区，推动地方媒体融合创新发展，促进影视文化作品推陈出新，集聚优秀创业人才，助力全域旅游发展出新、出彩。

【作者余来辉系广东财经大学人文与传播学院讲师、博士，
李文峰系广州市番禺区融媒体中心专栏专刊主任】

打造新型融媒平台，构建党媒舆论高地
——潮州市广播电视台融媒体实践刍谈

陈远程

潮州市广播电视台新创建的融媒客户端“看潮州”APP于2020年12月上线运行，着力构建“融视界·潮天下”的全媒体发展战略，积极打造海内外潮人圈最具影响力、公信力和传播力的新型主流媒体。

近年来，潮州台深入学习贯彻习近平总书记关于推动媒体融合发展的重要论述，积极顺应媒体发展趋势，积极培育全媒型人才，加快推进广电传统媒体和新兴媒介的全面融合，主动作为，创新求变，制定融媒体技术平台建设规划，投入资金约1000万元，充分依托云计算、大数据、人工智能等信息技术引领驱动融合发展，创新开发“看潮州”APP，全面迈进移动视界，实现广电传统业务网络上的交互、资源上的共享、大屏小屏的联动，满足“一次采集、统一策划、共平台生产、多媒体呈现、多渠道发布”的融媒生态平台。

一、守正创新，打造党媒舆论宣传新高地

面对新时代媒体发展的新变化和新挑战，潮州台坚持以习近平新时代中国特色社会主义思想为指导，坚守初心使命，坚持守正创新，不断推动媒体融合向纵深发展。2017年潮州台就提出了全媒体宣传和全媒体营销的理念，出台规划和实践措施，经过全台上下共同努力，形成了“新闻资源共享，全媒体快速反应”的全媒体宣传工作格局，逐步构建全媒体信息推送媒资生态。2019年3月份，台电视中心组建融媒创意部，在家居、美食、汽车等垂直领域进行融媒运营实践探索，进一步加快媒体融合步伐；同时与韩山师范学院共建“文化创意与新媒体创客基地”，启动“实验室—高校+”合作模式，通过加强与院校媒资互动，提升广电团队的学习力和创新力。

为积极响应党中央、习近平总书记提出的创建全媒体采编队伍、发展全媒型媒体人才的要求，顺应新时代媒体发展趋势，潮州台牢记党媒使命，通过对潮州广电媒体现状进行系统思考和战略研判，制订全台性的战略计划，于2019年初规划推进融媒体技术平台建设，从媒体融合的高度，设计开发“看潮州”APP，打造区域新型主流媒体；通过建设融媒体技术平台，加快推进传统广电媒体和新兴媒介的全面融合，打造自主可控平台，强化移动化传播、精耕本土内容，优化本地服务，不断提高区域宣传阵地的传播力、引导力、影响力和公信力，打造党媒舆论新高地和综合服务平台，有效缓解新媒体无序竞争产生的收视压力；建立“新闻+政务服务商务”的运营模式，主动服务用户，扩展服务半径，突破外宣瓶颈，构造潮人圈主流媒体新业态。

二、强化服务，打造区域领先新型主流媒体

潮州台自主开发的“看潮州”APP是一个发现潮州、观察潮州、了解潮州

的权威发布平台。围绕市委、市政府中心工作，“看潮州”APP以“新闻+政务+服务”为传播理念，不断丰富服务内容，创设服务功能，做大做强政务资源，为用户提供丰富的新闻资讯阅读、视听直播点播、潮州文化展示和特色品质服务，利用APP大流量入口的优势，丰富智慧城市建设和智能传播新功能。

“看潮州”APP“主页功能区”以新闻资讯为主，围绕中心，服务大局，实时关注社会热点、及时回应社会关切、传播向上力量。其中“政务频道”关注全国新闻热点，及时刊发市委、市政府决策部署和动态新闻，为用户提供最可靠的信息源和最权威的解读；“推荐”等资讯类频道依托本台新闻采编团队，为用户提供最及时的本地社会新闻资讯。“潮视频”等视听功能区主要承载各类短视频新闻和活动、新闻现场的直播，每天全时段与潮州电视台两个频道、潮州电台三个频率同步直播，实现电视“大屏+小屏”、电台“音频+视频”的多维度传播，让传统主流媒体动起来，回放功能让流逝的节目时间复活，有效扩大节目的收视率和影响力；借力5G和短视频的风口，建立更高效、更适应视频传播的采编流程，全面提升潮州广电作为主流媒体在短视频和直播平台的穿透力。“观潮号”以“主流、精选、潮味”为标尺，成为潮州本地的开放性内容聚合平台，重点邀请市的党政机关、群团组织、企业机构、优质个人号入驻，打造区域热点资讯门户，以主流宣传助推主流信息传播。目前已有100多位本地文化学者、优质个人作者、在外潮州乡贤入驻“观潮号·个人号”，对反映潮州文化发展、潮人精神风貌的原创内容进行加权传播，让用户感受潮州文化独特魅力，将平台打造成海内外潮人“寻根”的资讯文化载体。“服务功能区”将通过聚合报料、便民、医疗、公益、交通、天气等服务，密切C端用户与党媒的连接，打通媒体传播的“最后一公里”；与市有关部门合作，将党政部门的便民利民服务进行连接，利用APP大流量入口的优势，促进智慧城市建设和智能传播。“慢直播项目”是“看潮州”APP的一大视频亮点，首期通过在潮州城乡设置10路直播摄像头，建设基于“5G+光纤双千兆网络”的通讯链路，精选直播“凤城之光”灯光秀、牌坊街、凤凰日出、潮州城市大景等实时画面，搭建一个在云端全天候展示潮州之美的大外宣视觉盛宴。此外，“看潮州”APP于2021年下半年完成商城项目建设，致力打通“政务+服务+商务”的经络，充分利用融媒平台的技术支撑和复合资源，实现社会效益和经济效益的双赢。

三、敢立潮头，拥抱融媒才能拥有明天

“看潮州”APP于2020年12月10日上线运行，顺利完成原台属“红桃粿”APP的迁移工作，社会反响强烈，市民积极进行下载体验，下载量和注册用户数持续攀升，至2021年6月底，累计下载用户已超100万，新增注册用户逾80万，新增用户中，外地用户（含海外潮人）新增近30%。国庆中秋“双节”试运营期间，“看潮州”APP于10月1日—3日策划执行了三场不同类型的网络直播，总观看量超82万人次，其中《窑火红红庆双节》作为“看潮州”APP网络直播首秀获得大量网友关注，直播观看量超过65万人次，抖音同步直播获得点赞量超过12万，取得较好的社会传播效果。首场“直播广济桥灯光秀”，采用多机位进行现场视觉呈现，16分钟灯光秀表演吸引了近15万人通过手机端观看，其中有大量珠三角网友和在外潮人通过网络直播感受潮州绚丽的一江两岸夜景。“看潮州”APP实现“一手掌握，看遍潮州”的融媒传播目标，阐释了潮州市广播电视台“融视界，潮天下”的大潮州宣传理念，展现做大做强主流舆论场、提升舆论引领力、守正创新、勇立潮头的媒体情怀。

近年来，潮州台积极学习贯彻习近平总书记关于“全程媒体、全息媒体、全员媒体、全效媒体”的重要论述，抓早落实，创新思维，充分发挥主流媒体的优质资源优势，确立“有平台就有人才”的人才理念，以平台建设促进人才培养，创新载体探索移动端传播新模式；大力弘扬社会主义核心价值观，传播社会正能量，讲好潮州故事。2020年新冠疫情发生以来，“潮州电视台”微信

公众号加大对疫情防控的宣传报道力度，权威发声、及时发声、联动发声，担当新型主流媒体使命任务。阅读量达10万+的公众号战“疫”相关文章数量逾10篇，在潮州地区遥遥领先。习近平总书记赴广东考察并在潮州调研期间，潮州台融媒平台第一时间转发人民日报、中央广播电视总台和新华社的时政新闻报道和解读、评论、短视频等新媒体作品，其中《习近平赴广东考察调研》短视频一小时内在潮州电视台微信公众号点播超10万次，总点播量超过33万次，点赞量超过1.3万，相关新闻和新媒体作品在全平台阅读（播放）量超过178万次。2018年“潮州电视台”微信公众号获全国地级城市台微信传播力排行榜首位；“融合创新”项目《习总书记“早就想来”的这座城，是怎样一种存在？一图纵览她的前世今生》获2020年度广东新闻一等奖；在2020第二届中国融媒创新发展年会上，潮州市广播电视台获评中国融媒创新发展最具创新影响力城市广播电视台TOP10，《民生直播室》栏目获评最具创新影响力城市广播电视栏目十佳。

四、穷则思变，融媒发展是地市台新时代的集结号

2015年，潮州台创建了基于新闻传播的新媒体平台“红桃粿”APP，经过几年的实践应用发现，原平台的技术设置较落后，做直播和短视频传播存在明显缺陷，融媒拓展存在明显障碍，技术升级成本较大。考虑到与电视非编生产和广播音频传播的融合需要，潮州台下大决心，顶住压力，发出为传统电视传播续命的冲锋号，开发了以全媒融合为目标的媒体平台——“看潮州”APP。新的融媒平台集“采编播”“非编”于一体，融合视频、音频、直播、服务、商务，着力构建掌上电视和掌上广播传播新模式，实现移动化、集约化、场景化、互动化的网上传播新业态，不到半年时间，就成长为潮州地区占据绝对领先地位的宣传舆论新平台。这样的创建成效，得益于我们对习近平总书记关于

推动媒体融合发展的重要论述的深入学习贯彻，得益于我们对传统媒体的现状及未来的冷静思考和探索。

我们认为，影响当下电视媒体传播主要有两大因素：技术平台的创新力和受众的到达率。20世纪90年代，电视机的普及，把这一创新力和到达率提高到前所未有的新高度，为电视传播赢得20年的黄金发展期；手机的普及和互联播技术的迅猛发展，使单一渠道传播和固定时段分享的电视传播突然进入寒冬，直接影响到传播的到达率，技术创新对传统电视业而言成了双刃剑。有一种冷叫发抖，我们认为，当今电视人不能只在发抖中等待救济的“棉衣”，而应该奔跑起来寻找春的生机！2020年9月，中共中央办公厅、国务院办公厅印发的《关于加快推进媒体深度融合发展的意见》的文件精神，坚定了我们走媒体融合创新的信心。穷则思变，对于传统电视人来说，这是一个伟大的时代，更是一个变革的时代，它不再是一个固守的时代，更不是一个等待的时代；或许，融媒不是地市台化危为机的唯一选择，但一定会是新时代媒体发展的最强音，起而行之，才可能为传统电视传播插上续命的翅膀，才能有效提升传播到达率，营造好新时代电视传播力的新生态。

潮州台的融媒建设，刚刚起步，“雄关漫道真如铁，而今迈步从头越”，面对全媒体竞争的多极业态，新时代电视人更要不忘初心，砥砺前行，把市场当战场，为受众服务，才能不辱使命，不负韶华，传递好党的声音，讲好百姓的故事。作为党的主流媒体，坚守是一种忠诚，但僵化就是一种渎职，在寻找中我们看到通往春天的路，那就是媒体的融合创新。

【作者系潮州市广播电视台党委书记、台长】

创新驱动建设高质量发展新型主流媒体的三个维度
——中山广播电视台媒体融合和转型发展

陈锦霞

广东省中山市是粤港澳大湾区“9+2”的节点城市之一，是中国民主革命伟大先驱孙中山先生的故乡。中山广播电视台是广东省重要的城市广播电视内容生产和播出机构，现拥有FM96.7“新闻资讯频率”及FM88.8“环保旅游之声”两套广播频率，以及公共频道、综合频道、教育频道三套电视自办频道。2020年，中山台两个广播频率的收听市场份额达71.93%，同比增长1.06%，增速位居珠三角城市台第3位。在电视端，三个频道晚间六小时市场份额约13%，在珠三角地级市台中名列前茅，其中，公共频道连续四年全天收视率在落地中山地区的219个频道中排名第一。

广播和电视是传统渠道。在新媒体端，中山台积极打造互联网传播平台，构建群众离不开的渠道。目前，中山广播电视台已建成包含“中山之窗”网站、中山手机台APP、微博、微信公众号，以及视频号、抖音号等在内的全媒体传播矩阵。其中，“城市零距离”微信公众号是中山目前最具影响力的新闻类公众号，拥有粉丝近50万，多次获评“广东十大先锋媒体”；承接运营的“中山发布”微信公众号粉丝量已突破160万大关，是全国地级市传播力最强、影响力最大的政务微信平台；自主开发的中山手机台APP下载量超过169万，是中山本土视频音频第一移动平台，并且实现了市、镇、街的纵向打通（中山是全国五个不带区县的地级市之一），目前，中山已有20个镇街通过中山手机台APP发布资讯。此外，中山是继广州、深圳、佛山之后，广东第四个开设城市学习平台的城市，学习强国中山平台编辑部也设在中山广播电视台。

中山台在全媒体传播体系建设上取得了一定成效。看得见的，是一个又一个传播阵地的占领和拓展；但看不见的，是背后付出的艰辛的努力。在传统媒体的日子越来越不好过的今天，中山台也在不断地探索着媒体融合和转型发展的路径，寻求打造高质量发展的新型主流媒体。

一、创新驱动体现在对内容高质量发展的坚持上

以优质内容为核心，创新表达方式、表现形式，不断增强内容产品的竞争力，将内容优势转化为发展优势，是中山台在建设高质量发展新型主流媒体过程中一直坚持的原则。这些年，中山台通过政策和资源倾斜，培养内容生产团队，打造精品项目。2020年10月和11月，国家广电总局先后公布了2020年第一和第二季度优秀国产纪录片目录，中山台摄制的《四大百货》和《生死43天》先后上榜，这是继《医院里的故事》、《美丽西江》（联合摄制）、《醉龙》、《“候鸟”汽车工程师》、《潮涌伶仃洋》之后，五年内中山台入选国家广电总局推荐的优秀国产纪录片名录的第六部和第七部纪录片。其中，《生死43天》还先后获得了中国视协电视纪录片学术委员会颁发的第26届中国纪录片短片十佳作品和2020见证伟大抗疫精神——中国同心战疫纪实影像主题活动的最佳作品。

除了纪录片生产这一龙头外，中山台的媒体内容产品朝多元化、精品化方向发展。2020年，中山广播电视台创新形式创作的电视访谈《玩着玩着过高中》获得中国新闻奖三等奖，参与创作的《四十年四十城》获中国广播电视大奖，网络短纪录片《谢谢你为湖北拼过命》和融媒体产品《为了与你相遇，我已经走了3072小时》先后入选国家广电总局优秀网络视听作品名录，少儿节目《醒目仔大本营》入选全国少儿节目精品发展专项资金扶持项目，普法系列短视频《律政俏佳人》入选广东省网络文化精品，“城市零距离微信”公众号获颁全省“十佳网络公益传播典型”。

中山台认为，在互联网时代，发挥广电媒体内容优势的关键在于转变思维，创新表达方式。近年来，中山台遵循新闻传播规律和新媒体发展规律，重点在“准”“新”“微”“快”这四个字上下功夫。“准”就是守护好准确、权威的“看家本领”，把准方向、把好导向，如在疫情期间，中山台开发上线服务类融媒体产品“中山疫情查询台”，为中山市民提供全面、权威的防疫信息，前后共有超过101万人次登录使用，荣获广东省广播电视媒体融合“疫情防控类”先进典型称号；“新”就是创新内容表达和呈现形式，出品更多适合年轻受众的内容产品，如2020年受新冠肺炎疫情影响，中山取消了一年一度的慈善万人行，中山台因应推出“指尖上的万人行”，把活动搬到线上，共有近百万人参与；“微”则是建设“两微一端一抖”，构建全媒体传播矩阵；“快”就是即时采集、及时推送，移动优先，中山台现在已经实现了全部新闻资讯在中山手机台APP首发，利用新媒体“快”的特点，在传播中抢占先机。

二、创新驱动体现在抢占技术高地、拥抱技术变革上

2020年9月底，很多网民的目光被一场长达100个小时的慢直播所吸引。这场名为“长车万里行”的慢直播，实时展示的是中山广播电视台采购的国内地

级市第一批10+1讯道4K超高清电视转播车从北京生产厂家“回家”的过程。而这背后，是中山广播电视台在技术层面脱胎换骨，努力走在全国前列的奋斗历程。媒体融合发展是一次以技术创新为引领的媒体变革，必须坚持以先进技术为支撑。

中山台对于技术变革的拥抱体现在两个方面。

一是中山市融媒体中心建设。2019年，中山广播电视台提交的市级融媒体中心建设方案获得中山市财政资金扶持。目前，融媒体中心业务支撑系统、广播融合制播系统、中山手机台APP优化系统等项目均已完成建设并投入运行。融媒体中心系统融合了广播电视、新媒体等所有媒介内容生产流程，可一次采集、多种生成、多元分发；实现移动优先、提高传播效率；并拥有全媒体全程绩效考核功能，用绩效当“指挥棒”，激发采编播各环节向融媒体生产转型。

二是4K超高清技术。应该说，4K超高清技术的应用给了广电媒体转型升级新的机遇。2020年11月2日至3日，世界超高清视频产业发展大会在广州举行，时任广东省省长马兴瑞在开幕式上表态，广东将超高清视频产业作为重点培育发展的战略性产业集群。很显然，市场对4K内容充满渴求。谁先抢占了4K技术高地，谁就拥有了高质量发展的先手优势。2018年3月，中山市成为广东省4K电视网络应用试点示范城市。中山台在第二个月就拿出了《中山广播电视台4K超高清电视制作分发平台及高清制播系统建设项目的论证报告》，并且通过了广东省新闻出版广电局组织的论证，这是全国首个通过广电专家论证的地级市台4K制作分发平台建设方案。中山市财政用股权投资的方式对项目进行扶持。目前，4K超高清电视转播车已交付使用，4K超高清电视媒资系统等项目建设正在紧锣密鼓地推进。

而为了紧跟技术前沿，中山台还与四川新视创伟超高清科技有限公司、成都索贝数码科技有限公司签订合作协议，计划三方共同推进超高清8K创新应用示范基地建设。

三、创新驱动体现在体制机制的改革上

这些年，中山台在努力探索适合媒体融合发展的内容生产流程和机制。2019年，中山台撤销了过去按照传统媒介划分的广播新闻部、电视新闻部和新媒体部，对采编播流程进行再造，组建了综合采集部、全媒体编发部和融媒体发展部，并由这三个部门共同组成融媒体中心，构建由内容生产、分发、产品应用及信息安全保障等体系组成的融媒体协同机制，在根本上突破媒体融合发展问题。综合采集部负责新闻策划、采访；全媒体编发部负责对综合采集部收集回来的素材进行深加工，并根据各传播平台的特点进行编辑和发布；融媒体发展部负责中山手机台APP移动平台开发、推广及运营。

体制机制改革的另一个方面体现在造血机制的改革上。中办、国办印发的《关于加快推进媒体深度融合发展的意见》和国家广电总局印发的《关于加快推进广播电视媒体深度融合发展的意见》，都专门提到要用好市场机制，增强自我造血机能。中山台从2016年就开始启动经营体制改革，2016年底，下属声屏传媒公司完成股份制改制。2018年3月8日，声屏传媒挂牌新三板，成为全国首家整合地级市广播电视台全部经营业务并成功挂牌的企业，也是全国首家获得国家广电总局批准，并在中央文改办备案的新三板国有文化企业。

声屏传媒挂牌新三板后，通过各种资本运作，整合社会各种资金、资源，使经营业绩在媒体经营“寒冬”中基本企稳。接下来，声屏传媒将立足传媒主业，拓展相关文化产业和现代服务业，探索建立“内容+政务服务商务”的运营模式；同时，计划通过收购、合作经营等方式整合国有文旅资源，发挥资源聚集效应，扩大经营体量，争取尽快在创业板上市。

【作者系中山广播电视台党委书记、台长】

参考文献：

[1]洪俊浩.传播学新趋势[M].北京:清华大学出版社,2014.

[2]习近平.提高党的新闻舆论传播力、引导力、影响力、公信力[M]//习近平新时代中国特色社会主义思想三十讲.北京:学习出版社,2018.

[3]习近平.加快推动媒体融合发展[M]//习近平谈治国理政:第三卷.北京:外文出版社,2020.

[4]谭天,覃晴.“新闻立台”:回归与选择[J].新闻与写作,2010(2):3.

地市广电传媒如何突出资讯发布的视频特色

李万昌

一、背景

（一）指导思想

2014年8月18日，习近平总书记主持召开中央全面深化改革领导小组第四次会议时强调，推动传统媒体和新兴媒体融合发展，要遵循新闻传播规律和新兴媒体发展规律，强化互联网思维，坚持传统媒体和新兴媒体优势互补、一体发展，坚持先进技术为支撑、内容建设为根本，推动传统媒体和新兴媒体在内容、渠道、平台、经营、管理等方面的深度融合。

（二）现实背景

从索福瑞电视收视调查有关数据分析中不难看出，我国观众人均日收视时间和到达率均陷入下滑的困境。从单日人均收视时间来看，国内电视人均收视时长自2012年上半年的169分钟下降至2017年上半年的144分钟；到达率也连续6年出现下滑，从2012上半年的68.4%下降至2017年上半年的57.1%。

开机率的下降并不是受众视频资讯需求的萎缩带来的，相反，在线视频市场呈不断扩张之势——受益于在线视频平台用户规模的增长和观众观看电视平台的转移，我国在线视频市场增速迅猛，自2013年的135.9亿元上升至2016年的641.5亿元，年增长率始终维持在40%以上。其中，短视频因为其短小精悍的形式，近年来迅速抢占了用户的碎片时间。

《2019中国短视频创新趋势专题研究报告》显示，2018年，中国短视频用户规模已达5.01亿人，预计2019年用户规模将会达到6.27亿人。2019年，刷抖音、快手，拍短视频内容已经成为生活常态，无论是搞笑幽默、生活技能还是新闻现场类的内容都得到了爆发性的增长。短视频的渗透率与增长速度已经压过传统视频行业，成为电视媒体转型升级以满足受众不断增长的视频资讯需求的突破口。

（三）短视频制作发布的初期探索

顺应媒体融合发展趋势，东莞广播电视台自全媒体新闻中心成立之初即提出了“移动优先”战略，开始生产短视频资讯产品。经过测试我们发现：将电视新闻栏目的视频原封不动整档直接上传到本土门户网站东莞阳光网上，点击量很低。随后我们及时做出调整，把电视新闻“切单条上传”发布，点击量有所提升，但仍不尽如人意。走了这些不少地市级广电台媒体融合发展过程中都走过的弯路后，我们发现：视频产品在移动端传播有自己的规律。于是，团队把视频重新包装发布，点击量有了明显的增长。

二、紧抓视频特色，发展短视频栏目

（一）地市广电台短视频产品的“黄金法则”

东莞广播电视台全媒体新闻中心紧密依托广电媒体的视频资源优势，于2018年5月打造推出网络短视频品牌栏目《莞视频》，通过导向把握、素材包装、多元推广等方式，利用短视频增加资讯的现场感、可看性，重点关注东莞的大时政、大社会、暖新闻，做好主题宣传报道，强化正能量宣传。截至2019年12月29日，《莞视频》共推出视频产品1100余期。

2019年，《莞视频》获评广东省广播电视局媒体融合优秀案例。短视频作品《泪目|谨以此片向虎门渡轮挥手道别》《108秒莞视频|忆180年前的壮举，看180年后的传承》《甘为孺子牛的赤脚医生》在央视网、人民网、学习强国等央媒转发，播放量过百万的不胜枚举，10万+的视频已成为常态。

从无到有，从有到优，我们总结了一些经验：

1. 完善机制保障精品出品率

在全台新闻“一次采集、多平台发布”的生产背景下，《莞视频》产品汲取全媒体平台的多个端口资源优势，综合全中心的策划热点，并垂直串联东莞市各镇街广电站等基层资源优势，开拓视频素材来源、丰富策划构思，从全局高度布局每一期产品的宣传落脚点以及受众的兴趣点，让产品设计“先声夺人”。

为确保好的策划得到精准落实，全媒体新闻中心设置专业团队，负责产品的策划、拍摄、剪辑以及包装推广。团队成员由从中心选拔的业务骨干组成，配置资深的策划、摄像、后期剪辑人才，深入研究融媒体时代短视频产品的传播特点，用高效、简短、快节奏、轻音乐的方式对常规时政、社会新闻进行软包装，颠覆市民对传统视频新闻的刻板印象，达到有效传播的目的。

2. 精细打磨力推爆款产品

《莞视频》以“服务社会发展大局、提供本土民生资讯”为出发点，每日精选当天最重要的时政新闻、社会民生新闻、生活服务类资讯进行编辑制作，日均生产5条原创短视频，重点关注东莞的时政、民生暖新闻。其中，《震撼视频！东莞铁骑街头围捕持刀抢劫犯》等多条视频在今日头条、微博等平台上的流量超过100万。

在时政报道和民生新闻的宣传中，团队及时把握热点，利用视频传播社会正能量。2019年5月上旬，东莞全城为被电梯夹伤双腿的小孩筹措医疗费的事件引发广泛关注。5月10日上午，《莞视频》记者第一时间到医院深入回访报道，并剪辑制作短视频《男童骨折　东莞用一座城的“力量”帮助他一起康复》。由于视频富有正能量、制作精良，该作品被人民网、人民网官方微博、中央人民广播电台官方微博、触电新闻APP等转发，总播放量接近100万。

3. 创新做法，开拓短视频市场

《莞视频》运用多种拍摄技术、剪辑技术以及多元化的平台推广，为打造爆款视频产品提供更多可能性。制作团队紧抓机遇，结合融媒体时代的新闻元素传播特点，打造全新的短视频产品，实现“硬新闻软操作”。

2019年东莞两会期间，《莞视频》紧紧围绕政府工作报告解读、代表委员声音、两会风采等重点，把握正确舆论导向，大胆创新，精心策划制作了“三分钟解读政府工作报告”“快问快答”“记者跑两会”“两会金句”等短视频产品，总点击量超过72万。结合海报宣传，在市民微信朋友圈里形成“刷屏式”传播效应。

此外，产品除了在自有平台发布外，还在第三方平台发布，实现全网分发。如今，10万+的视频已基本成为常态。

4. 逆向思维迎接短视频平台的挑战

抖音、快手等短视频平台的崛起，给广电新闻人的生存带来巨大的挑战。短视频的快捷操作极大降低了视频新闻门槛，广电人的视频优势似乎在弱化。《莞视频》团队成员面对压力，反向应战，充分发挥电视人在视频采制方面的综合优势，做精做优每一条产品，重新制定短视频产品的质量传播标准，用短视频精品吸引不同年龄段的群体，特别是年轻受众。

实际操作中，《莞视频》团队梳理出多项“规则”，具体包括：重新定义视频产品的新闻点和传播点，用传播点“催化”视频广泛传播；抓住黄金七秒，用“倒金字塔”结构调整视频产品布局，在信息海洋中抢抓受众兴趣点；弱化“空镜”意识，颠覆旧有的摄像思维，用快节奏、高信息量的剪辑手法吸引受众。

5. 把握本地优势，发出本土新闻最强音

作为地市广电台，接近基层是得天独厚的优势。新闻事件与本地受众关联度高，能够充分发挥群众的力量，利用本土人物的事迹，奏响东莞本土新闻“最强音”，讲好东莞故事。

坚持“本土化”，凸显以人为本。集中表现在对人的生存状态的关注、对社会现实的关注。地市广电台离新闻发生的现场最近，信息源相对集中，收集其覆盖范围内的信息资源比较容易，也能够争取到新闻信息的第一报道权。

（二）地市广电台短视频产品的未来发展方向

《莞视频》取得了一定的成绩，在竞争激烈的短视频时代初步打出自己的品牌效应，但是，在进一步发展过程中，也面临不少挑战和困难，需要进一步明确发展方向：

1. 拓宽视野，做好市场细分

在无限市场中争夺有限的受众，需要整个团队在产品的策划制作上更突出本土特色，制作更加精良、反应更加快速，这也就对整个团队的选题策划、视频制作、团队素质、技术支撑，提出了更高要求。如何立足本土、讲好东莞故事，结合东莞在经济、民生、人文等方面的创新做法，充分挖掘东莞闪光点、做好城市形象宣传，做市民爱看又有深度的新闻将是《莞视频》接下来的发力点。

2. 强化团队建设，打造精兵强将

高频次的发布要求，对团队的出品效果提出更大的挑战。为了多出精品，一方面，团队要在部门的大架构中继续强化团队建设，召集更多人员转型短视频产品制作，从策划到拍摄到剪辑，全链条切入视频操作，培养全员短视频产品意识，补强人员短板，提高精品制作率。同时，团队也将尝试打通全台资源，将文艺中心、广播中心、新媒体中心等部门的视频资源进行整合，丰富产品资源池。

3. 建立学习机制，用技术包装人

一方面，团队仍需加强硬件装备，借助前沿科技和操作理念，提高视频产品质量；另一方面，团队成员还需要加强自身的理论和实践学习，通过参加业内专业培训，多元化吸收前沿资讯，在专业素养方面持续提升，真正推出符合时代特点、体现广电优势、切合市民需求的优秀作品。通过“人+技术”的有效组合，打赢这场“新媒体战争”。

三、一体化改革的制度支撑

短视频品牌栏目《莞视频》的成功探索，也为东莞广播电视台推进媒体融合发展，将一体化改革向纵深推进提供了一定的参考意义。

2019年10月，东莞广播电视台“知东莞”客户端上线，依托全台强大的内容制作能力，利用视频、音频制作优势，突出“知东莞”客户端的视频化、社交化特点，将资讯丰富化、多元化，实现资讯精准传达。

自主研发客户端的上线，也倒逼着东莞广播电视台进一步优化全媒体新闻采编机制，打造更多新闻精品，特别是短视频佳作。

（一）人力整合

为更好地坚持移动优先、突出视频特色，全媒体新闻中心的生产发布流程遵循“一体化生产、多平台发布”的操作要求，将前端生产资源充分整合，在保留原有广播新闻、电视新闻、网络新闻栏目平台的前提下，成立大采访部、大编辑部，打破原有栏目组成员的“隔离”状态，集约使用有限的人力资源。根据策划选题、新闻线索以及平台需求，个性化配置采编人员，培养打造适合全平台的融媒体人才，以及适合多端口发布的融媒体产品。

整合后的人力资源通过跨栏目调度，也为莞视频团队“项目化运作”提供了更广阔的空间。全能型人才的培养，反哺莞视频产品制作。（详细流程见图3-2）

（二）资源配置

东莞广播电视台全媒体新闻中心各栏目组以平台形式存在，在大资源池里实现对采编人员的统筹调度使用，并根据栏目特点编排、发布产品，实现中心产品的多矩阵发布，提升新闻产品的制作质量及传播效果。

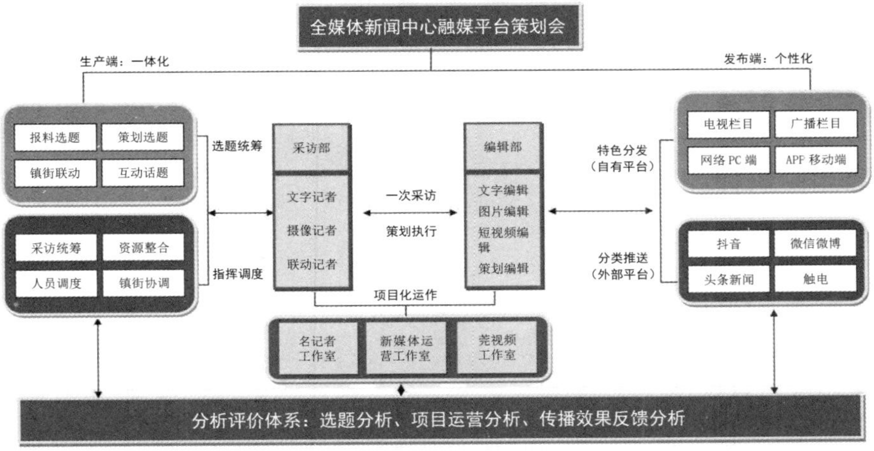

图 3-2　全媒体新闻一体化生产架构图

四、总结

运用信息革命成果，推动媒体融合向纵深发展是地市广电媒体寻求新的生存活力的重要途径。作为地市广电台，东莞广播电视台虽然发展空间有限，但一直追求出精品、重实效，适时推出适合受众需求的各类产品，以《莞视频》为代表的产品正是将信息资讯丰富化、多样化的有效尝试。应时而变，因势利导，媒体发展的活力就会不断增强，真正能够担当起党媒的责任，提升自身的传播力、引导力、影响力和公信力。

【作者系东莞广播电视台全媒体新闻中心主任】